Pflaum/Schima,
Der Architektenvertrag

Orac-Musterverträge

Herausgeber:

Univ.-Prof. Dr. Josef Kühne

Univ.-Prof. Dr. Manfred Straube

Band 16

Der Architektenvertrag

von

Dr. Hannes Pflaum
Rechtsanwalt in Wien

Mag. Dr. Angelika Schima
Rechtsanwaltsanwärterin in Wien

Wien 1991

Wirtschaftsverlag Dr. Anton Orac

Die Deutsche Bibliothek — CIP-Einheitsaufnahme

Pflaum, Hannes:
Der Architektenvertrag / von Hannes Pflaum ; Angelika Schima. — Wien : Wirtschaftsverl. Orac, 1991
(Orac-Musterverträge ; Bd. 16)
ISBN 3-7007-0168-3
NE: Schima, Angelika:; GT

Information an unsere Leser

Die Bücher unseres Hauses sind – wie heute allgemein üblich – in Plastikfolie eingeschweißt. Damit können Sie die Aufmachung des Buches auf den ersten Blick sehen, gleichzeitig ist garantiert, daß das Buch in tadellosem Zustand in Ihre Hände kommt.
Bei dieser Folie handelt es sich um ein umweltfreundliches Produkt: Sie ist aus Polyäthylen chlor- und schwefelfrei hergestellt und verbrennt in Müllverbrennungsanlagen völlig ungiftig; sie zerfällt unter Lichteinfluß langsam, verhält sich auf Mülldeponien grundwasserneutral und ist voll recyclingfähig.

ISBN 3-7007-0168-3

Verlag Orac, Wien
(Korrigierte Ausgabe Mai 1995)

Hersteller: Druckerei Robitschek & Co. Ges.m.b.H., Wien

Vorwort der Herausgeber

Mit dem vorliegenden Band soll dem besonderen Bedarf nach vertraglicher Regelung der Architektenleistungen entsprochen werden; sowohl der Architekt als auch der Auftraggeber benötigen Hinweise für die rechtliche Gestaltung dieser Vertragsbeziehung, um den technisch-kreativen Handlungsbereich möglichst frei zu gestalten und Vertragsstörungen zu vermeiden oder aufgetretene im Einvernehmen zu lösen.

Da sich die österreichische Literatur — zum Unterschied von Deutschland und der Schweiz — dieser Vertragstype bisher kaum angenommen hat, erscheint es geboten, über die Hinweise zur zweckmäßigen Vertragsgestaltung hinausgehend auch den juristischen Hintergrund stärker zu beleuchten. Der vorliegende Band, für dessen Bearbeitung einschlägig erfahrene Praxisvertreter gewonnen werden konnten, soll daher für Österreich erstmalig auch die Funktion eines kurz gefaßten Handbuches zum Architektenvertrag erfüllen. Insoweit sollen sowohl dem technischen Praktiker die unerläßlichen Hinweise zur vertraglichen Absicherung des Architektenverhältnisses gegeben, als auch dem mit diesem Rechtsbereich befaßten Juristen die Vielfalt der rechtlichen Zusammenhänge in Erinnerung gebracht werden.

Die Herausgeber verbinden mit dem Dank an die Autoren für die Bewältigung dieser schwierigen Aufgabe die Bitte an den Benützer, durch Hinweise aus der technisch-wirtschaftlichen Praxis den Wert dieses Büchleins noch zu steigern.

Wien, im Februar 1991

Die Herausgeber

Vorwort

Die Rechtsstellung des Architekten im allgemeinen und das Rechtsverhältnis zwischen Architekten und Bauherrn im besonderen wurden bislang in der österreichischen Literatur sehr stiefmütterlich behandelt.

Diese Zurückhaltung steht in deutlichem Gegensatz zur wirtschaftlichen Bedeutung der zwischen Architekten und Bauherrn geschlossenen Verträge, erklärt sich aber vielleicht daraus, daß unter den Beteiligten häufig ein eher geringes Rechtsbewußtsein herrscht. Noch immer werden Architektenverträge nicht selten bloß mündlich geschlossen, wobei dies nicht nur dann gilt, wenn „private" Bauherrn auftreten. Daß unter solchen Umständen im Streitfall bereits die Feststellung des Vertragsinhaltes große Schwierigkeiten bereiten kann, versteht sich von selbst.

Davon ausgehend, hat sich das vorliegende Buch zum Ziel gesetzt, in erster Linie der Praxis eine Orientierungshilfe sowohl bei der Vertragsgestaltung als auch bei der Austragung von Streitigkeiten zu bieten.

Angesprochen sind einerseits Angehörige rechtsberatender Berufe, insbesondere Rechtsanwälte, andererseits aber auch die unmittelbar Beteiligten selbst, also Architekten, Bauherrn und auch Bauunternehmer.

Der vorliegende Mustervertrag regelt den „Normalfall" des mit der Planung und Überwachung baulicher Leistungen beauftragten Architekten. Soll der Architekt im konkreten Fall mit anderen Tätigkeiten, etwa der Innenraumgestaltung oder Raumplanung, beauftragt werden, oder verpflichtet er sich über die typischen Architektentätigkeiten hinaus zu Leistungen für den Bauherrn, etwa als Generalplaner, so sind bei der jeweiligen Vertragsgestaltung entsprechende Modifizierungen vorzunehmen. Eine Standardregelung, die auf sämtliche in der Praxis zwischen Architekten und Bauherrn vorkommenden Vertragsinhalte anzuwenden ist, kann und will der vorliegende Mustervertrag nicht bieten.

Eine tiefschürfende wissenschaftliche Durchdringung der Materie war nicht Ziel des gegenständlichen Werkes, was freilich nicht bedeutet, daß sich die Verfasser einer eigenen Stellungnahme stets enthalten haben.

Sollten einige der geäußerten Ansichten die einschlägige wissenschaftliche Diskussion anregen, so wäre dies ein durchaus erfreulicher „Nebeneffekt".

Zu danken haben wir Herrn Dr. *Peter Zöllner* (Ingenieurkammer für Wien, Nö. und Bgld.) und Herrn Dipl.-Ing. Dr. *Matthias Rant* für wertvolle praktische Hinweise, den Damen *Ingeborg Felber* und *Andrea Haas* für die mühevolle Schreibarbeit und nicht zuletzt Herrn Univ.-Prof. Dr. *Manfred Straube* und Herrn Univ.-Prof. Dr. *Josef Kühne* für die Aufnahme des Werkes in die Reihe der „ORAC-Musterverträge".

Wien, im November 1990

Hannes Pflaum
Angelika Schima

Inhaltsverzeichnis

Abkürzungsverzeichnis

aaO	am angeführten Ort
ABGB	Das Allgemeine Bürgerliche Gesetzbuch
Abs	Absatz
AGB	Allgemeine Geschäftsbedingungen
allg	allgemein
Anm	Anmerkung
ArbSlg	Sammlung arbeitsrechtlicher Entscheidungen der Gerichte und Einigungsämter
Art	Artikel
AT	Allgemeiner Teil der Gebührenordnungen für Ziviltechniker
Aufl	Auflage
BauR	Baurecht, Zeitschrift für das gesamte öffentliche und zivile Baurecht
BGB	(deutsches) Bürgerliches Gesetzbuch
BGH	(deutscher) Bundesgerichtshof
BGHZ	Entscheidungen des (deutschen) Bundesgerichtshofs in Zivilsachen
bzw	beziehungsweise
ca	zirka
dgl	dergleichen
dh	das heißt
DRdA	Das Recht der Arbeit
EEG	Eingetragene Erwerbsgesellschaft
EGG	Erwerbsgesellschaftengesetz
etc	et cetera
EvBl	Evidenzblatt der Rechtsmittelentscheidungen
f	und der (die) folgende
ff	und die folgenden
FN	Fußnote
GedS	Gedenkschrift
GOA	Gebührenordnung für Architekten
hA	herrschende Ansicht
HdBW	Handbuch des Bau- und Wohnungsrechtes
HGB	Handelsgesetzbuch
hL	herrschende Lehre
HOAI	(deutsche) Honorarordnung für Architekten und Ingenieure
Hrsg	Herausgeber
HS	Handelsrechtliche Entscheidungen
idF	in der Fassung
idR	in der Regel

IKG	Ingenieurkammergesetz
incl	inklusive
insb	insbesondere
IPRG	Bundesgesetz über das internationale Privatrecht
iVm	in Verbindung mit
JBl	Juristische Blätter
KSchG	Konsumentenschutzgesetz
lit	litera (ae)
lt	laut
MietSlg	Mietrechtliche Entscheidungen
MünchKomm	Münchener Kommentar zum (deutschen) Bürgerlichen Gesetzbuch
mwN	mit weiteren Nachweisen
NJW	Neue Juristische Wochenzeitschrift
NRSp	Neue Rechtsprechung des OGH, abgedruckt in der Österreichischen Juristenzeitung
OGH	Oberster Gerichtshof
ÖJZ	Österreichische Juristenzeitung
Pkt	Punkt
RdW	Recht der Wirtschaft
Rsp	Rechtsprechung
Rz	Randziffer
S	Seite
StGG	Staatsgrundgesetz
SZ	Entscheidungen des österreichischen Obersten Gerichtshofes in Zivilsachen
ua	und andere
uä	und ähnliche
udg	und dergleichen
uE	unseres Erachtens
UrhG	Urheberrechtsgesetz
uU	unter Umständen
va	vor allem
VfGH	Verfassungsgerichtshof
vgl	vergleiche
VwGH	Verwaltungsgerichtshof
zB	zum Beispiel
ZfBR	Zeitschrift für deutsches und internationales Baurecht
ZivTG	Ziviltechnikergesetz

A. ALLGEMEINER TEIL

I. Tätigkeitsbereich und Berufsbild des Architekten

Architekten sind aufgrund der ihnen verliehenen Befugnisse zu planenden, beratenden und überwachenden Tätigkeiten in den Bereichen des Hochbaues, der Architektur, der Orts- und Landesplanung, des Siedlungs- und Städtebaues sowie der Planung sonstiger, das Orts- und Landschaftsbild wesentlich beeinflussender Bauwerke und Anlagen berechtigt (vgl §§ 4 und 5 ZivTG).

Von diesen vielfältigen Tätigkeiten ausgehend, differenziert auch die Gebührenordnung für Architekten (GOA) bei Festlegung der Gebührenberechnung zwischen nachstehenden Fachrichtungen:

1. bauliche Leistungen (§§ 27 bis 45 GOA),
2. Innenraumgestaltung sowie kunstgewerbliche und industrielle Formgebung (§§ 47 bis 52 GOA),
3. Raumplanung (§§ 53 bis 62 GOA) und
4. gartengestalterische Leistungen (§§ 63 bis 69 GOA).

Da es im Rahmen dieses Buches nicht zweckmäßig erscheint, sämtliche zwischen Architekten und ihren Auftraggebern möglichen Vertragsverhältnisse einer rechtlichen Beurteilung zu unterziehen, wird den folgenden Ausführungen der in der Praxis wohl häufigste Fall eines im Bereich der baulichen Leistungen tätigen Architekten zugrundegelegt.

II. Rechtsgrundlagen und Abschluß des Architektenvertrages

1. Allgemeine Problematik

Der Architektenvertrag als solcher ist im Allgemeinen Bürgerlichen Gesetzbuch nicht eigens geregelt. Wie zu zeigen sein wird, können die von Architekten zu erbringenden Leistungen höchst vielfältig sein und in unterschiedlichen Kombinationen auftreten, sodaß von *dem* Architektenvertrag schon aus rechtstatsächlichen Gründen kaum gesprochen werden kann.

Will man bei derartigen, im Gesetz nicht ausdrücklichen geregelten Verträgen eine Aussage über die Anwendbarkeit gesetzlicher Normen treffen, ist es zweckmäßig, eine Zuordnung des jeweiligen Vertrages zu einem oder mehreren im Schuldrecht vorgesehenen Vertragstyp(en) vorzunehmen.

Bei Beantwortung der Frage nach der rechtlichen Einordnung von Verträgen über Architektenleistungen ist zunächst von den verschiedenen, in der Praxis von Architekten geschuldeten Leistungen auszugehen.

In diesem Zusammenhang kann die *Gebührenordnung für Architekten (GOA),* welche zum Zweck der Festsetzung von Mindestgebühren eine Zusammenstellung der üblicherweise von einem Architekten zu erbringenden Teilleistungen enthält, Hilfestellung bieten. Die Verbindlicherklärung der GOA erfolgt durch Verordnung der Bundesingenieurkammer gemäß § 31 Ingenieurkammergesetz (IKG), wobei eine Unterschreitung der in der GOA festgelegten Gebühren bloß zur disziplinären Verantwortung des Ziviltechnikers führt. Außenstehenden gegenüber ist die Gebührenordnung trotz Verbindlicherklärung nicht unmittelbar, sondern nur im Wege einzelvertraglicher Vereinbarung wirksam.[1]

Allerdings hat der VfGH mit Erkenntnis vom 3. 10. 1990[1a] die Worte „und verbindlich erklärten Gebührenordnungen (§ 31)" in § 6 Abs 3 IKG, den Wortteil „Mindest" in § 31 Abs 1 erster Satz IKG sowie § 31 Abs 1, 2. Satz IKG und § 31 Abs 2 und 3 IKG mit Wirkung ab 30. 9. 1991 als verfassungswidrig aufgehoben, weil die *generelle* Festlegung von Mindestgebüh-

---

[1]) Neben der Gebührenordnung für Architekten sind aufgrund der Ermächtigung des § 31 IKG auch Gebührenordnungen für das Bauwesen, die industrielle Technik, das Vermessungswesen sowie für Ziviltechniker in diversen besonderen Bereichen erlassen worden, welche alle mit einem einheitlichen Allgemeinen Teil ausgestattet sind und sich voneinander nur in ihren Besonderen Teilen unterscheiden. Die allen Gebührenordnungen eigene Festlegung von Mindestgebühren hat den Sinn, den Wettbewerb unter den Ziviltechnikern auf die Ebene der Leistung und nicht jene der Entlohnung zu verlegen; vgl *Rant/Rant,* Allgemeiner Teil der Gebührenordnungen für Ziviltechniker (AT) 2 ff.

[1a]) G 40 - 45/90 - 10

ren einen sachlich nicht gerechtfertigten Eingriff in das Grundrecht der Erwerbsfreiheit bedeute und damit gegen Art 6 StGG verstoße. Dies bedeutet, daß ab 1. 10. 1991 keine standesrechtliche Verpflichtung für die Kammermitglieder mehr besteht, die festgesetzten Gebühren nicht zu unterschreiten. Diese erhalten den Charakter *unverbindlicher Empfehlungen*. Abzuwarten bleibt jedoch, ob der Gesetzgeber von der durch den VfGH angedeuteten Möglichkeit Gebrauch macht, Mindestgebühren für *einzelne* Ziviltechnikerleistungen, bei denen dies im öffentlichen Interesse gelegen ist, vorzuschreiben.

Die in der GOA (§ 34 lit a—h) beschriebenen Teilleistungen können in folgende *Leistungsbereiche* unterteilt werden:

a) Büroleistung (§ 34 lit a—g GOA)

aa) Bauplanung (lit a—e)

Unter dem Oberbegriff Bauplanung sind einerseits alle planerischen Tätigkeiten des Architekten, beginnend mit der Anfertigung eines Vorentwurfes des beabsichtigten Bauprojektes über die Erstellung eines Entwurfes bis hin zu Ausführungs- und Detailzeichnungen als baureife Durcharbeitung des Bauvorhabens, zu verstehen, und sind andererseits auch die Tätigkeiten des Architekten im Zusammenhang mit der Einreichung der Pläne und der Ermittlung der Kostenberechnungsgrundlage umfaßt.

ab) Oberleitung der Bauausführung (lit f und g)

Die Bezeichnung Oberleitung der Bauausführung beschreibt sämtliche Überwachungs-, Verhandlungs- und Prüfungsagenden des Architekten, welche für ein plangerechtes Entstehenlassen des Bauwerkes erforderlich sind, sowohl in künstlerischer als auch in technischer und geschäftlicher Hinsicht, ausgenommen die örtliche Bauaufsicht und die Bauführung selbst.

b) örtliche Bauaufsicht (§ 34 lit h GOA)

Als Leistungsbereich eigener Art umfaßt schließlich die örtliche Bauaufsicht alle Überwachungs- und Koordinierungstätigkeiten sowie die Interessenvertretung des Bauherrn direkt auf der Baustelle.

Bereits anhand dieser kurzgefaßten Leistungsbeschreibung und der Möglichkeit der Übertragung sämtlicher oder auch nur einzelner Leistungen zeigt sich, daß sich der Architekt zu einer breiten Palette auch juristisch unterschiedlich zu qualifizierender Tätigkeiten (vgl unten Pkt III.2.) vertraglich verpflichten kann, sodaß ein Einheitsarchitektenvertrag als Standardregelung nur schwer geeignet ist, sämtliche in der Praxis in Erscheinung tretenden Rechtsverhältnisse zwischen Architekt und Bauherrn in ausreichender Weise zu erfassen.

2. Vertragliche Einordnung

Generell läßt sich sagen, daß auf den Architektenvertrag jedenfalls die gesetzlichen Vorschriften des Allgemeinen Teiles des Bürgerlichen Rechts überhaupt (§§ 1—14 ABGB) sowie des Allgemeinen Teiles des Schuldrechts (§§ 859—937 ABGB) Anwendung finden. Welche der für die verschiedenen Vertragstypen des Besonderen Teiles des Schuldrechts geltenden Vorschriften für einen Architektenvertrag von Bedeutung sind, läßt sich nicht ohne weiteres verallgemeinern, sondern hängt vielmehr von der konkreten Gestaltung des Einzelvertrages ab.

Innerhalb der Leistungen, zu denen sich ein Architekt im Rahmen eines Architektenvertrages verpflichten kann (vgl § 34 lit a—h GOA), können Planungsleistungen einerseits sowie Verhandlungs- und Vertretungsleistungen andererseits unterschieden werden, wobei erstere die Teilleistungen *Vorentwurf, Entwurf, Einreichung* und *Ausführungs- und Detailzeichnungen,* letztere die Tätigkeiten im Rahmen der *Oberleitung der Bauausführung* und der *örtlichen Bauaufsicht* umfassen. Die Teilleistung *Kostenberechnungsgrundlage* zählt zwar nicht zu den Planungsleistungen im engeren Sinn, steht jedoch mit diesen in Zusammenhang und wird eher diesem Leistungsbereich zuzurechnen sein.

Ausgehend von der genannten Differenzierung können Architektenverträge im wesentlichen Elemente zweier gesetzlicher Vertragstypen enthalten — des Werkvertrages einerseits und des Bevollmächtigungsvertrages andererseits.

Der Vollständigkeit halber sei erwähnt, daß bei bloßer Übernahme tatsächlicher Einzelverrichtungen, etwa der Durchführung einer Bauüberwachung durch den Architekten, auch die Annahme eines — im ABGB als solchen nicht eigens geregelten — freien Dienstvertrages naheliegen könnte[2]).

Im Rahmen eines *Werkvertrages* (§§ 1165 ff ABGB) verpflichtet sich der Werkunternehmer zur Herstellung eines den Wünschen des Werkbestellers entsprechenden Werkes, worunter nach einhelliger Lehre und Judikatur auch die vom Architekten angefertigten Pläne zu verstehen sind.[3])

Der *Bevollmächtigungsvertrag* (§§ 1002 ff ABGB) hat demgegenüber die Verpflichtung des Bevollmächtigten zur Besorgung eines ihm aufgetragenen Geschäftes zum Gegenstand. Im Bereich des Architektenvertrages kommen als derartige Tätigkeiten des Architekten die Überwachung der Bauausführung durch den / die Bauunternehmer, die Führung von Verhandlungen mit Behörden und Professionisten oder die Vornahme der Angebotsaus-

---

[2]) Vgl *Krejci* in *Rummel,* ABGB^2 I Rz 87 zu § 1151.

[3]) Vgl *Strasser* in *Rummel,* ABGB^2 I Rz 27 zu § 1002; *Krejci* in *Rummel,* ABGB^2 I Rz 14 zu §§ 1165, 1166; HS 9514k; EvBl 1966/336, 1974/296 ua.

schreibung und die Beratung des Bauherrn bei der Auftragsvergabe in Betracht.

Je nach Art und Umfang der vom Architekten vertraglich übernommenen Leistungen wird daher ein *Werkvertrag,* ein *Bevollmächtigungsvertrag* oder ein sog *„gemischter“ Vertrag* mit Elementen beider vorgenannten Vertragstypen (etwa bei Beauftragung mit der Vollarchitektur) vorliegen. Die *rechtliche Beurteilung gemischter Verträge* ist grundsätzlich davon abhängig, welche Elemente im Einzelfall überwiegen.[4]) Generell läßt sich sagen, daß bei teilweiser oder ausschließlicher Beauftragung des Architekten mit Planungsaufgaben idR die Elemente des Werkvertrages jene anderer Vertragstypen überwiegen werden, weil die Verfassung von Bauplänen ohne Zweifel ein *Werk* darstellt und die vom Architekten geschuldete Gesamtleistung entscheidend prägt[5]) (vgl näher unten Pkt III.2.).

3. Rechtslage in der Bundesrepublik Deutschland

Da sich sowohl Lehre als auch Rechtsprechung in Österreich nur in beschränktem Maße mit dem Architektenvertrag und den damit in Zusammenhang stehenden Problemen befaßt haben, muß zur Lösung von Fragen des öfteren die in diesem Bereich vergleichbare Rechtslage in der Bundesrepublik Deutschland und die dazu ergangene Rechtsprechung des Bundesgerichtshofes (BGH) herangezogen werden.

In der BRD legt die *Honorarordnung für Architekten und Ingenieure* (kurz HOAI), welche am 1. 1. 1977 in Kraft trat und die bis dahin geltende Gebührenordnung für Architekten ersetzte, in sehr detaillierten Leistungsbildern jene Tätigkeiten fest, für welche dem Architekten ein Honorierungsanspruch gegen den Bauherrn zusteht.

Trotz wesentlich tiefgehenderer Leistungsbeschreibungen und -aufgliederungen lassen sich die in der HOAI festgelegten Teilleistungen nach wie vor in die Bereiche der Bauplanung, der Oberleitung und der örtlichen Bauaufsicht zusammenfassen[6]) und sind somit den gröberen Leistungsbereichen der österreichischen GOA vergleichbar.

Wie im ABGB ist auch im BGB der Architektenvertrag als eigener Vertragstyp nicht geregelt.

Während sich in Österreich jedoch Abgrenzungsprobleme insbesondere zwischen Werkvertrag und Bevollmächtigungsvertrag ergeben, kreiste die

---

[4]) OGH HdBW V/19; HS 9514g; MietSlg 35.105; EvBl 1966/336; 1974/296.

[5]) EvBl 1974/296; HS 9514g; OGH HdBW V/19.

[6]) Vgl *Soergel* in MünchKomm BGB^2 III/1 Rz 49 zu § 631.

Diskussion in der BRD seit jeher um die Abgrenzung zwischen Dienstvertrags- und Werkvertragsrecht.

Im wesentlichen hängt die rechtliche Qualifikation des Architektenvertrages auch in der BRD davon ab, welche der in der HOAI beschriebenen Teilleistungen vom konkreten Einzelvertrag umfaßt sind:

a) Der sich ausschließlich auf die *Bauplanung* erstreckende Architektenvertrag ist nach einhelliger Meinung stets als *Werkvertrag* zu qualifizieren, da der mit der Planung oder auch nur der Fertigung eines Kostenvoranschlages, Einzelplanes oder Gutachtens beauftragte Architekt dem Bauherrn nicht (nur) ein „Wirken" im Sinne des Dienstvertragsrechtes, sondern einen „Erfolg", dh ein „Werk" schulde. [7])

b) Im Falle der sogenannten *Vollarchitektur,* also bei Übertragung sämtlicher Architektenleistungen von der Planung bis zur örtlichen Bauaufsicht, war die Rechtsprechung bis zur Grundsatzentscheidung des BGH vom 26. 11. 1959[8]) schwankend.

In dieser Entscheidung qualifizierte der BGH den Architektenvertrag, der sämtliche Leistungen von der Planung bis zur örtlichen Bauaufsicht umfaßt, als *Werkvertrag* und begründete diese Einordnung damit, daß der vom Architekten entworfene und gefertigte Bauplan zweifellos ein Werk im Sinne der werkvertraglichen Bestimmungen (§§ 631 ff BGB) darstelle, dessen Bedeutung auch dann nicht zurücktrete, wenn der Architekt zugleich seinen Plan ausführe und die dafür erforderlichen Arbeiten leite und überwache.

Obwohl der Architekt selbst das Bauwerk als solches nicht schulde, sei seine Tätigkeit praktisch ausschließlich auf dessen Gelingen ausgerichtet und lasse sich daher vom Bauwerk nicht trennen, sodaß eine unterschiedliche Behandlung der Architektenleistung gegenüber den sonst mit der Herstellung des Bauwerkes befaßten Unternehmern, welche allesamt ein „Werk" schuldeten, nicht gerechtfertigt sei. [9])

Diese Rechtsauffassung wurde vom BGH seit der genannten Grundsatzentscheidung immer wieder bestätigt und hat sich auch in der Lehre überwiegend durchgesetzt. [10])

c) Wesentlich umstrittener war lange Zeit die Frage nach der rechtlichen Einordnung eines Architektenvertrages, aufgrund dessen dem Archi-

---

[7]) Vgl *Soergel* in MünchKomm BGB[2] III/1 Rz 50 zu § 631 mwN; *Bindhardt / Jagenburg,* Die Haftung des Architekten[8] § 2 Rz 68.

[8]) NJW 1960, 431 = BGHZ 31, 224.

[9]) *Werner / Pastor,* Rechtsfragen beim Bauen[6] 124 f.

[10]) Vgl *Soergel* in MünchKomm BGB[2] III/1 Rz 51 zu § 631; *Locher,* Das private Baurecht[4] Rz 23; *Pott / Frieling,* Vertragsrecht für Architekten und Bauingenieure Rz 110 ff.

tekten nur die *Bauleitung,* dh die Oberleitung und / oder die örtliche Bauaufsicht, übertragen wurde. Es setzte sich — im Anschluß an die grundlegende Entscheidung des BGH vom 22. 10. 1981 [11]) — diesbezüglich die Auffassung durch, daß auch hier *Werkvertragsrecht* anzuwenden sei, da der bauleitende Architekt durch eine Vielzahl von Einzelleistungen dafür zu sorgen habe, daß das Bauwerk plangerecht und frei von Mängeln entstehe. [12])

d) Für die Anwendung von *Dienstvertragsrecht* bleibt nach dem Vorgesagten nur dort Raum, wo sich der Architekt nicht gestaltend an der Entstehung des Bauwerkes beteiligt, sondern lediglich ein Tätigwerden ohne unmittelbaren Bauwerksbezug schuldet. [13])

Als derartige Einzeltätigkeiten kämen etwa die ausschließliche Betrauung des Architekten mit der geschäftlichen Oberleitung, die Beratung des Bauherrn beim Erwerb des Baugrundstücks, gegebenenfalls auch die Betreuung eines bereits fertigen Bauwerkes durch den Architekten in Betracht. [14])

4. Bestimmung des anwendbaren Rechts durch Parteienvereinbarung

Bereits die vorstehenden, kurzgefaßten Ausführungen zeigen, daß die rechtliche Qualifikation des Architektenvertrages und demnach auch die Bestimmung der anzuwendenden Rechtsnormen nicht unumstritten und wesentlich vom jeweiligen Inhalt des Einzelvertrages abhängig ist.

Die genannten Zuordnungsprobleme, die im Zusammenhang mit dem Architektenvertrag auftreten, könnten durch eine vertragliche Festlegung des anzuwendenden Rechts, deren Zulässigkeit und Form im folgenden zu erörtern sein wird, beseitigt oder zumindest erheblich verringert werden.

Als Ansatzpunkt soll *§ 1 des Allgemeinen Teiles der Gebührenordnungen für Ziviltechniker (AT),* der seit 1. 1. 1989 die GOA Aufl 1980 in ihren §§ 1—24 ersetzt hat, dienen, der bestimmt, daß „der Ziviltechniker seine Leistungen im Rahmen eines Werkvertrages erbringt".

Hier erhebt sich zunächst die Frage, ob bereits die vertragliche Vereinbarung der GOA (und damit des AT) ohne Beifügung zusätzlicher Regelungen im Architektenvertrag zur Konsequenz hat, daß jede vom Architekten

---

[11]) NJW 1982, 438 = BauR 1982, 79.

[12]) *Werner / Pastor* aaO 125 f; *Soergel* in MünchKomm BGB^2 III/1 Rz 154 zu § 631; *Schmalzl,* Die Haftung der Architekten und des Bauunternehmers^4 25 f.

[13]) *Locher* aaO Rz 224; *Schmalzl* aaO 26; *Bindhardt / Jagenburg* aaO § 2 Rz 79 ff.

[14]) Vgl *Schmalzl* aaO Rz 23; *Locher* aaO Rz 224.

zu erbringende Leistung ausschließlich nach Werkvertragsrecht zu beurteilen ist, auch wenn im Einzelfall dienst- oder bevollmächtigungsvertragliche Elemente überwiegen.

Dies trifft aus mehrerlei Gründen nicht zu. Zunächst kann § 1 AT jedenfalls dort die Anwendung von nicht dem Werkvertragsrecht entstammenden gesetzlichen Vorschriften nicht verhindern, wo dieses selbst keine eigenständige Regelung enthält. Darüber hinaus mangelt es § 1 AT aber an der für vertragliche Regelungen nötigen Bestimmtheit.

Den Verfassern des § 1 AT ging es offenbar primär darum, dem Architekten im Falle einer Auflösung des Vertrages durch den Bauherrn das in § 1168 Abs 1 ABGB verankerte Recht auf Bezahlung des vereinbarten Entgelts zu erhalten. Eine Anwendung des dem Bevollmächtigungsvertragsrecht entstammenden § 1020 ABGB, wonach der Auftraggeber dem Auftragnehmer im Falle des Widerrufs des erteilten Auftrags nur die bereits erbrachten Leistungen abzugelten hat, soll damit verhindert werden.

Während aber in der Vorgängerbestimmung des § 1 AT, nämlich § 6 GOA Aufl 1980, für den Fall des Widerrufs oder der Einschränkung des erteilten Auftrags noch ausdrücklich eine Anwendung des § 1168 ABGB vorgesehen ist, mangelt es § 1 AT für sich an dem erforderlichen normativen Gehalt, weil die Bestimmung keinerlei konkrete Rechtsfolgenanordnung enthält.

Ohne zusätzliche Präzisierung im Vertrag treten somit — ungeachtet des § 1 AT — jene Rechtsfolgen ein, welche nach dem *Inhalt* der dem Architekten konkret auferlegten Verpflichtungen gesetzlich dafür vorgesehen sind. [15]) Daß dies häufig ohnehin die Geltung des Werkvertragsrechts bedeutet, wurde bereits gesagt.

Wenn auch § 1 AT keinen durch vertragliche Vereinbarung selbständige Bedeutung erlangenden Inhalt besitzt, so kann doch nicht zweifelhaft sein, daß Architekt und Bauherr vertragliche Regelungen treffen können, durch welche die auf den Architektenvertrag anzuwendenden Bestimmungen auch in einer vom gesetzlichen Konzept abweichenden Weise festgelegt werden.

Dies kann in der Weise geschehen, daß bestimmte — zB dem Werkvertrags-, Auftragsvertrags- oder Dienstvertragsrecht entnommene — Gesetzesbestimmungen für maßgeblich erklärt werden, oder auch so, daß die Vertragspartner eigenständige, von ihnen geschaffene Regelungen treffen.

Insbesondere gilt dies auch für die Rechtsfolgen einer Vertragsauflösung durch den Bauherrn. Sowohl § 1020 als auch § 1168 Abs 1 ABGB sind

[15]) Vgl *Rant / Rant* aaO 6f, welche § 1 AT ebenfalls nicht als exklusiven Verweis auf das Werkvertragsrecht interpretieren.

dispositives, dh nachgiebiges Recht[16]), weshalb sowohl bei einem Werkvertrag die Anwendung des § 1020 ABGB als auch bei einem Bevollmächtigungsvertrag die Anwendung des § 1168 Abs 1 ABGB — oder ähnlich lautender Regelungen — vereinbart werden kann. Die Grenzen werden lediglich durch das — im Rahmen des Werk- und des Bevollmächtigungsvertragsrechts allerdings kaum anzutreffende — zwingende Recht sowie durch § 879 ABGB (Verstoß gegen gesetzliche Verbote bzw Sittenwidrigkeit) gezogen.

5. Allgemeine Grenzen der Gestaltungsfreiheit

Insbesondere im Zuge fortschreitender Rationalisierung ist es auch in der Bauwirtschaft, so wie im Banken- und Versicherungsbereich, üblicher geworden, Vertragsinhalte in *Allgemeinen Geschäftsbedingungen* oder *Formularverträgen* vorzunormieren.

Diese Praxis setzt sich vor allem bei jenen im Baubereich tätigen Personen (Unternehmen) durch, die regelmäßig Verträge gleichen oder ähnlichen Inhalts mit verschiedenen Vertragspartnern abschließen, so etwa Wohnbaugenossenschaften oder juristische Personen des öffentlichen Rechts im Hinblick auf von ihnen abgeschlossene Bau- und Architektenverträge. Aber auch seitens der *Bundes-Ingenieurkammer* liegt ein *Architektenwerkvertragsformular* vor, das lediglich den Umfang der Architektenleistungen und der dafür zu verrechnenden Gebühren der Parteiendispositon überläßt, während die übrigen Vertragsbestimmungen vorformuliert feststehen.

Derart vorformulierte Verträge oder Vertragsbestandteile bergen für den schwächeren Vertragspartner die Gefahr der Übervorteilung in sich.

Um etwaigen daraus resultierenden Ungleichgewichtslagen zu begegnen, wurden seitens des Gesetzgebers im wesentlichen zwei Maßnahmen gesetzt.

Einerseits beschränkt das Konsumentenschutzgesetz (KSchG) die Inhaltsfreiheit für *Geschäfte zwischen Unternehmern und Verbrauchern,* wobei das Gesetz die unwiderlegliche Vermutung des Vorliegens einer Ungleichgewichtslage aufstellt.[17])

Andererseits wurden durch das KSchG auch verschiedene Regelungen in das ABGB eingefügt, die für *Rechtsgeschäfte zwischen beliebigen Personen* gelten. Für den hier zu behandelnden Bereich sind insbesondere § 864a ABGB über Bestimmungen ungewöhnlichen Inhalts in Allgemeinen Geschäftsbedingungen und Vertragsformblättern sowie § 879 Abs 3 ABGB über gröblich benachteiligende vertragliche Nebenbestimmungen in Allgemeinen Geschäftsbedingungen und Vertragsformblättern von Relevanz.

---

[16]) Vgl *Strasser* in *Rummel,* ABGB^2 I Rz 4 zu §§ 1020—1026; *Krejci* in *Rummel,* ABGB^2 I Rz 3 zu § 1168.

[17]) Vgl *Krejci* in *Rummel,* ABGB II Rz 4f zu § 1 KSchG.

5.1. Zur Anwendbarkeit des KSchG

Die grundsätzliche Zielsetzung des KSchG ist es, in jenen Fällen, in denen einander keine annähernd gleich starken Vertragsparteien gegenüberstehen, Schutzmaßnahmen für den schwächeren Teil, nämlich den Verbraucher, zu statuieren. Bewerkstelligt wird dies vom Gesetz insbesondere dadurch, daß bestimmte dem Verbraucher nachteilige Vertragsklauseln überhaupt nichtig sind und die Gültigkeit anderer, für den Verbraucher ebenfalls ungünstiger Regelungen davon abhängt, daß diese „im einzelnen ausgehandelt“ wurden (vgl § 6 Abs 1 und 2 KSchG).

Voraussetzung für die Anwendung des KSchG auf ein Rechtsverhältnis ist, daß es sich bei demselben um ein sogenanntes *Verbrauchergeschäft* handelt, also ein Rechtsgeschäft zwischen einem Unternehmer und einem Verbraucher.

§ 1 KSchG definiert den Unternehmer als jemanden, „für den das Geschäft zum Betrieb seines Unternehmens gehört“, den Verbraucher hingegen als jemanden, für den „dies nicht zutrifft“.

Wer also über kein Unternehmen verfügt, ist immer Verbraucher.

Derjenige, der ein Unternehmen hat, ist nur dann Verbraucher, wenn das abgeschlossene Geschäft nicht zum Betrieb seines Unternehmens gehört. [18])

Als Unternehmen in diesem Sinne ist jede *auf Dauer* angelegte Organisation selbständiger wirtschaftlicher Tätigkeit, mag sie auch nicht auf Gewinn gerichtet sein, zu verstehen (vgl § 1 Abs 2 KSchG).

Für den Bereich des KSchG ist somit nicht auf den Kaufmannsbegriff oder auf den des Handelsgewerbes iSd HGB abzustellen, sondern lediglich auf das Ziel des Unternehmens, wirtschaftlich wertvolle Leistungen für andere zu erbringen. [19])

Unter Zugrundelegung obiger Definition besteht kein Zweifel, daß auch die Angehörigen freier Berufe, wie etwa Architekten, Unternehmer iSd KSchG sind. [20])

Ausgehend von dem für das Unternehmen charakteristischen Merkmal der Dauerhaftigkeit könnte die Unternehmereigenschaft einer Arbeitsgemeinschaft von mehreren Architekten, die sich zur Planung eines einzigen Bauvorhabens zusammengeschlossen haben, bezweifelt werden.

---

[18]) Vgl *Krejci,* ebenda.

[19]) Vgl *Krejci,* Grundfragen zum Geltungsbereich des I. Hauptstückes des KSchG, in: *Krejci,* Handbuch zum Konsumentenschutzgesetz 209 ff.

[20]) Vgl *Krejci* in *Rummel,* ABGB II Rz 18 zu § 1 KSchG.

Erfolgt dieser Zusammenschluß in der Form einer *Gesellschaft bürgerlichen Rechts,* welcher keine eigene Rechtspersönlichkeit zukommt, wird der Architektenvertrag von vornherein zwischen den einzelnen Architekten als den Gesellschaftern der Arbeitsgemeinschaft und dem Bauherrn geschlossen. Soweit also bei den einzelnen Architekten die erforderliche, auf Dauer angelegte selbständige wirtschaftliche Organisation vorhanden und der Architektenvertrag funktionell den einzelnen Gesellschaftern der Arbeitsgemeinschaft zugerechnet werden muß, ist deren Unternehmereigenschaft iSd KSchG gegeben und stellt sich daher obiges Problem gar nicht. [21])

Als weitere Möglichkeit einer Gesellschaftsbildung durch Angehörige freier Berufe, die der Vollständigkeit halber erwähnt werden sollte, steht seit 1. 1. 1991 die *Eingetragene Erwerbsgesellschaft (EEG)* [22]) zur Verfügung. Im Gegensatz zur Gesellschaft bürgerlichen Rechts kann die EEG, ebenso wie die Offene Handelsgesellschaft bzw die Kommanditgesellschaft, unter ihrer Firma im Rechtsverkehr auftreten, Rechte erwerben und Verbindlichkeiten eingehen. [23]) Die EEG muß auf einen gemeinschaftlichen Erwerb unter gemeinsamer Firma gerichtet sein. Voraussetzung für die Entstehung der EEG ist deren Eintragung ins Firmenbuch, vor Registrierung besteht bloß eine Gesellschaft bürgerlichen Rechts iSd §§ 1175 ABGB. [24])

Bei Beantwortung der Frage, ob einer EEG Unternehmereigenschaft iSd KSchG zukommt, ist insbesondere das Vorliegen der erforderlichen *Dauerhaftigkeit* von Interesse. Dieses Kriterium findet sich einerseits in der Unternehmensdefinition des KSchG (vgl oben) und ist andererseits als wesentliches Element jeglicher Gesellschaft auch für den Gesellschaftszweck des *gemeinschaftlichen Erwerbes* vorauszusetzen. Diesbezügliche Schwierigkeiten könnten allenfalls bei Errichtung einer EEG als Gelegenheitsgesellschaft zur Durchführung eines einzelnen Bauvorhabens auftreten, doch wird es sich auch hiebei idR um ein ausreichend lange Zeit in Anspruch nehmendes Projekt handeln. [25])

Ist das Vorliegen des erforderlichen Dauermoments für die Gesellschaftserrichtung zu bejahen, so wird man konsequenterweise auch vom Vorhandensein der *auf Dauer angelegten Organisation* auszugehen und die EEG als Unternehmer iSd KSchG zu betrachten haben.

Da somit Architekten in der Regel Unternehmer iSd KSchG sind, bleibt für die Anwendbarkeit dieses Gesetzes zu prüfen, inwieweit es sich bei Bau-

---

[21]) Vgl *Krejci,* KSchG und Bauvertragsrecht, in: *Korinek / Krejci,* HdBW V-Mon-2, 7.

[22]) Erwerbsgesellschaftengesetz — EGG vom 25. 4. 1990, BGBl 1990/257.

[23]) Vgl § 4 Abs 1 EGG iVm § 124 HGB.

[24]) *Krejci,* Die Eingetragene Erwerbsgesellschaft, ecolex 1990, 351.

[25]) Vgl *Krejci,* ecolex 1990, 350.

herrn als den Vertragspartnern der Architekten um Verbraucher oder Unternehmer handelt.

Hiebei ist zu unterscheiden:

Juristische Personen des öffentlichen Rechts werden gemäß § 1 Abs 2 KSchG jedenfalls als Unternehmer angesehen, und zwar ohne weitere Prüfung, ob die geforderte unternehmerische Tätigkeit im Einzelfall auch tatsächlich vorliegt. Tritt also dem Architekten eine juristische Person öffentlichen Rechts als Bauherr gegenüber, so scheidet diesbezüglich eine Anwendung des KSchG aus.

Nicht ganz so eindeutig stellt sich die Rechtslage bei *juristischen Personen privaten Rechts* dar. Sind sie Kaufleute, so vor allem Aktiengesellschaften und Gesellschaften mit beschränkter Haftung, so sind sie ebenfalls stets als Unternehmer iSd KSchG anzusehen. Sonstige juristische Personen des privaten Rechts, wie etwa gemeinnützige Genossenschaften oder Idealvereine, werden als Unternehmer zu qualifizieren sein, wenn sie im Rahmen ihrer Aufgabenerfüllung auch wirtschaftlich relevante Tätigkeiten ausführen und hiefür mit einer auf Dauer angelegten Organisation ausgestattet sind.

Abschließend sei noch kurz auf Fälle eingegangen, in denen *Einzelpersonen* als Bauherrn auftreten.

Hat der Architektenvertrag Planung und Überwachung der Errichtung eines privaten Bauvorhabens zum Gegenstand, so ist der Bauherr sicherlich als Verbraucher und das Rechtsgeschäft als Verbrauchergeschäft iSd KSchG zu qualifizieren.

Gehört das Bauvorhaben jedoch zum Betrieb eines Unternehmens, dessen Inhaber der Bauherr ist, so wird er, selbst wenn es sich bei derartigen Bauvorhaben nicht um die typischen und laufenden Geschäfte des Unternehmens handelt, auch als Unternehmer iSd KSchG anzusehen sein. [26])

Zusammenfassend kann somit gesagt werden, daß die Bestimmungen des KSchG immer dann zu berücksichtigen sind, wenn einander Architekt und privater Bauherr als Vertragsparteien gegenüberstehen.

5.2. Einschränkungen in der Vertragsgestaltung durch §§ 864a, 879 Abs 3 ABGB

Wie bereits erwähnt, haben die zugleich mit der Schaffung des KSchG eingefügten Bestimmungen der §§ 864a, 879 Abs 3 ABGB das Ziel, einer vom Gesetzgeber vermuteten Benachteiligung eines Vertragsteiles bei Verwendung vorformulierter Vertragstexte durch den anderen Vertragsteil zu begegnen.

---

[26]) Vgl zu allem *Krejci*, KSchG und Bauvertragsrecht aaO 8 ff.

Die Bedeutung der beiden zitierten Gesetzesbestimmungen für Regelungen in Allgemeinen Geschäftsbedingungen (AGB) und Vertragsformblättern geht, was ihren Anwendungsbereich betrifft, insofern über das KSchG hinaus, als sie auf Vertragsparteien *unabhängig* von ihrer *Unternehmer- bzw Verbrauchereigenschaft* anzuwenden sind. Der Schutz der §§ 864a, 879 Abs 3 ABGB kann daher sowohl dem Bauherrn als auch dem Architekten zugute kommen.

So bestimmt § 864a ABGB, daß Bestimmungen ungewöhnlichen Inhaltes in AGB oder Vertragsformblättern, die ein Vertragsteil verwendet hat, nicht Vertragsbestandteil werden, wenn sie dem anderen Teil nachteilig sind und er mit ihnen auch nach den Umständen, vor allem nach dem äußeren Erscheinungsbild der Urkunde, nicht zu rechnen brauchte.

Eine Ausnahme von dieser Vorschrift macht das Gesetz für den Fall, daß der eine Vertragsteil den anderen besonders auf diese Bestimmungen hingewiesen hat. Bei Beurteilung der Frage, ob der Vertragsschließende nach den Umständen, insbesondere nach dem äußeren Erscheinungsbild der Urkunde, mit den in Frage kommenden Bestimmungen rechnen mußte, wird ein durchschnittlich sorgfältiger Leser als Maßstab heranzuziehen sein. [27])

Vor allem durch die Bestimmung des § 879 Abs 3 ABGB, wonach eine in AGB oder Vertragsformblättern enthaltene Vertragsbestimmung, die nicht eine der beiderseitigen Hauptleistungen festlegt, nichtig ist, wenn sie unter Berücksichtigung aller Umstände des Falles einen Teil gröblich benachteiligt, versucht das Gesetz die typischerweise zwischen Verwendern von AGB oder Vertragsformblättern und deren Vertragspartnern bestehende Ungleichgewichtslage auszugleichen. Durch die Bedrohung einer derartigen Vertragsbestimmung mit Nichtigkeit sollen sachlich nicht gerechtfertigte Abweichungen vom dispositiven Recht, die ein Vertragsteil zu Lasten des anderen Vertragsteiles vornimmt, verhindert werden. Als nicht eine der beiderseitigen Hauptleistungen festlegend kommen vor allem Regelungen hinsichtlich der Gewährleistungsfristen und -behelfe, des Schadenersatzes, des Zurückbehaltungsrechts, der Beweislastverteilung udg für eine Anwendung des § 879 Abs 3 ABGB in Betracht.

Die §§ 864a, 879 Abs 3 ABGB gelangen insbesondere auch dann zur Anwendung, wenn dem Rechtsverhältnis zwischen Bauherrn und Architekt standardisierte Vertragsbedingungen enthaltende, von dritter Seite formulierte Vorschriften, wie etwa die GOA, zugrundegelegt werden, weil es im gegebenen Zusammenhang nicht darauf ankommt, ob einer der Vertragspartner in irgendeiner Weise am Entstehen der Normen mitgewirkt hat. [28])

---

[27]) Vgl *Rummel* in *Rummel,* ABGB^2 I Rz 7 zu § 864a.

[28]) Vgl *Krejci* in *Rummel,* ABGB^2 I Rz 236 zu § 879, *Rummel* in *Rummel,* ABGB^2 I Rz 10 zu § 864a.

Auch die Tatsache, daß es sich bei der GOA bzw dem AT um Verordnungen handelt und daher — so könnte argumentiert werden — mit ihrer Vereinbarung jedenfalls gerechnet werden müsse, hindert eine Anwendung der §§ 864a, 879 Abs 3 ABGB im Falle einer vertraglichen Vereinbarung der GOA bzw des AT nicht, weil sich diese Verordnungen lediglich an die Mitglieder der Ingenieurkammer richten.

Nicht entscheidend ist auch, ob die vornormierten Vertragsbedingungen allumfassend ausgestaltet sind oder die Vertragspartner daneben noch einzelne Vertragsklauseln individuell aushandeln. Wird daher zB der von der Bundes-Ingenieurkammer herausgegebene Architektenmustervertrag herangezogen, der sowohl Gebührenhöhe als auch konkret zu erbringende Leistungen der einzelvertraglichen Vereinbarung überläßt, dann sind hinsichtlich der im Mustervertrag enthaltenen Bestimmungen die §§ 864a, 879 Abs 3 ABGB anzuwenden.

Im Zusammenhang mit der Inhaltsfreiheit im Architektenvertrag ist der Vollständigkeit halber auch auf § 879 Abs 1 ABGB hinzuweisen, wonach ein Vertrag nichtig ist, der gegen ein gesetzliches Verbot oder gegen die guten Sitten verstößt. Die Anforderungen des § 879 Abs 1 ABGB sind inhaltlich strenger als jene der §§ 864a, 879 Abs 3 ABGB; dafür sind auch Vertragsbestimmungen erfaßt, die individuell ausgehandelt wurden.

6. Zustandekommen des Vertrages

Der Abschluß des Architektenvertrages ist an keine besondere Form gebunden, er kann *schriftlich* oder *mündlich* und auch bloß durch *schlüssiges (konkludentes) Verhalten* erfolgen.

Tatsächlich zeigt die Praxis, daß Architektenverträge nicht selten mündlich abgeschlossen und dabei wichtige Punkte zwischen den Vertragspartnern nicht einmal erörtert werden, was im Streitfall schwierige Auslegungs- und Beweisprobleme aufwerfen kann. Für den Bereich der Architektenleistungen und Honoraransprüche bietet zwar die Gebührenordnung für Architekten, soweit sie vereinbart wurde, eine gewisse Lückenfüllungsfunktion, sie kann aber ein schriftliches Vertragswerk keinesfalls ersetzen.

Was den *Vertragsabschluß* durch *schlüssiges Verhalten* anbelangt, so ist erforderlich, daß mit Überlegung aller Umstände *kein vernünftiger Grund,* an einem bestimmten rechtsgeschäftlichen Willen *zu zweifeln,* übrig bleibt.[29])

In diesem Sinne gibt etwa der „Bauherr", der bestimmte, vom Architekten erbrachte Leistungen entgegennimmt und auch verwertet, zu erken-

[29]) Vgl *Rummel* in *Rummel,* ABGB^2 I Rz 9ff zu § 863.

nen, daß diese Leistungen seinem Willen entsprechen, worin eine stillschweigende Übernahme der Gebührenzahlungspflicht erblickt werden kann.[30])

Eine stillschweigende Zustimmung des Bauherrn zum Abschluß eines Architektenvertrages kann auch darin liegen, daß dieser eine für die Erbringung der Architektenleistungen erkennbar nötige Mitwirkung entfaltet.

Von der Problematik des Vorliegens eines stillschweigenden Vertragsabschlusses streng zu unterscheiden ist die Frage, ob die (konkludenten) Willenserklärungen des Bauherrn und des Architekten auch die Vereinbarung der GOA, bestimmter ÖNORMEN etc erfassen. Auch diesbezüglich ist § 863 ABGB uneingeschränkt anzuwenden[31]), dh zu prüfen, ob ein Vertragsteil ein Verhalten gesetzt hat, welches den *eindeutigen Willen* zum Ausdruck bringt, nur zu bestimmten, vorformulierten Bedingungen — zB nur unter Zugrundelegung der GOA — abschließen zu wollen und das Verhalten des anderen Teiles als *erkennbare Einwilligung* in diese Bedingungen zu werten ist. Diese strengen Anforderungen werden, betrachtet man lediglich das Verhalten der Vertragspartner hinsichtlich des konkreten Projekts, kaum je erfüllt sein. Allerdings kann einem früher gesetzten Verhalten von Bauherrn und Architekt Bedeutung zukommen. Eine stillschweigende Einwilligung in die Bestimmungen der GOA kann etwa dann angenommen werden, wenn dem Bauherrn infolge einer bereits bestehenden Geschäftsverbindung klar geworden sein mußte, daß der Architekt nur unter Zugrundelegung der GOA tätig werde.[32])

Für die Ermittlung der Höhe des Gebührenanspruchs des Architekten ist die GOA auch, wenn im Einzelfall nicht von ihrer stillschweigenden Vereinbarung ausgegangen werden kann, sowie ganz allgemein dann, wenn kein bestimmtes Entgelt und auch nicht Unentgeltlichkeit vereinbart wurde, als Behelf zur Ermittlung des *angemessenen Entgelts* iSd § 1152 ABGB heranzuziehen[33]) (vgl unten Pkt IV.3.1.).

7. Vertragsgrundlagen

7.1. Allgemeines

Für den Architektenvertrag gelten — auch ohne vertragliche Vereinbarung — zunächst die relevanten Vorschriften des ABGB.

---

[30]) Vgl *Locher* aaO Rz 214.

[31]) Vgl *Rummel* in *Rummel,* ABGB^2 I Rz 2 zu § 864a.

[32]) Vgl *Rummel,* ebenda.

[33]) Vgl OGH EvBl 1977/204; HdBW V/20.

Da der Architektenvertrag, wie dargetan, häufig werkvertragliche und bevollmächtigungsvertragliche Elemente beinhaltet (vgl oben Pkt II.2.), finden grundsätzlich die gesetzlichen Regelungen über den Werkvertrag (§§ 1165ff ABGB), zum Teil auch jene über den Bevollmächtigungsvertrag (§§ 1002ff ABGB) Anwendung. Abgesehen davon, gelten selbstverständlich die allgemeinen Bestimmungen über Rechtsgeschäfte (vgl §§ 859ff ABGB).

Da es sich bei den gesetzlichen Bestimmungen jedoch fast ausnahmslos um dispositives (nachgiebiges) Recht handelt, steht es den Vertragsparteien grundsätzlich frei, von den gesetzlichen Bestimmungen abweichende Regelungen zu treffen (vgl oben Pkt II.4.).

7.2. Die Gebührenordnung für Architekten (GOA)

Einer jener Normenkomplexe, der von den Vertragsparteien eines Architektenvertrages als Vertragsgrundlage vereinbart werden kann, ist die *Gebührenordnung für Architekten.*

Sie stellt, wie bereits (vgl oben Pkt II.1.) ausgeführt, vor allem eine Regelung der für Architektenleistungen zu verrechnenden Mindestgebühren dar und äußert ihre normative Wirkung lediglich in einer *disziplinären,* also *standesrechtlichen Verantwortung* des gegen sie verstoßenden Architekten, die mit Inkrafttreten des VfGH-Erkenntnisses vom 3. 10. 1990 allerdings beseitigt wird (vgl oben Pkt II.1.). Den Bauherrn bindet sie zunächst nicht. Wird die GOA jedoch zwischen Architekt und Bauherrn zur Vertragsgrundlage erhoben, so erlangen die in ihr enthaltenen Vorschriften auch für den Bauherrn verbindlichen Charakter.

Zu beachten ist allerdings, daß im Falle der vertraglichen Vereinbarung der GOA wegen ihres (teilweisen) Vertragsformblattcharakters eine über die allgemeine Sittenwidrigkeitsklausel des § 879 ABGB hinausgehende Inhaltskontrolle infolge der Geltung der §§ 864a, 879 Abs 3 ABGB eingreift (vgl oben Pkt II.5.2.).

Neben der Auflistung der vielfältigen Architektenleistungen und der Festlegung von Mindestgebühren für die einzelnen Teilleistungen entweder nach mengenabhängigen Sätzen oder entsprechend dem Zeitaufwand enthält die Gebührenordnung insbesondere in ihrem seit 1. 1. 1989 neu gefaßten Allgemeinen Teil (AT) Vorschriften, die das Rechtsverhältnis der Vertragsparteien betreffen.

Zu nennen wäre in diesem Zusammenhang zunächst *§ 1 AT,* der Bestimmungen über die Leistungserbringung durch den Ziviltechniker enthält. Daß die in § 1 Abs 1 AT getroffene Regelung, wonach der Ziviltechniker seine Leistungen im Rahmen eines Werkvertrages erbringt, mangels ausreichender Bestimmtheit keinen eigenständigen normativen Gehalt besitzt, wurde bereits aufgezeigt (vgl oben Pkt II.4.).

Weiters findet sich in der genannten Bestimmung die sich bereits aus allgemeinen Grundsätzen ergebende Pflicht des Architekten, seine Leistungen im Rahmen der einschlägigen Rechtsvorschriften — etwa Ziviltechnikergesetz, Ingenieurkammergesetz, Bauordnung udg[34]) — sowie nach den allgemein anerkannten Regeln der Technik und Baukunst zu erbringen (dazu unten Pkt II.7.3.2.).

Hinzuweisen ist auch auf § *7 AT,* wonach der Ziviltechniker (Architekt) das Recht hat, Mehrleistungen aufgrund von nicht durch ihn zu vertretenden Änderungen, welche eine Neubearbeitung oder Umarbeitung einzelner Leistungsbereiche erfordern, entsprechend dem nachzuweisenden Leistungsumfang zu verrechnen. Der genaue Anwendungsbereich dieser Bestimmung ist freilich nicht ganz klar. Sicher erfaßt sind Änderungen des Leistungsumfanges durch nachträgliche Bestellerwünsche[35]), wobei sich die Entgeltlichkeit derartiger Mehrleistungen bereits daraus ergibt, daß es sich dabei um Vertragsänderungen handelt.[36])

Daneben betrifft § 7 AT wohl auch Mehraufwendungen infolge unvorhergesehener Ereignisse aus der Sphäre des Bestellers (zB unvollständige Informationen) oder der neutralen Sphäre (zB Forderungen von Bürgerinitiativen).[37])

Fraglich könnte erscheinen, ob durch § 7 AT dem Ziviltechniker auch bei einer Pauschalpreiszusage oder einem verbindlichen Kostenvoranschlag — abweichend von § 1170a ABGB[38]) — die Möglichkeit einer Mehrverrechnung eröffnet wird, wenn die Umstände weder vom Besteller noch vom Ziviltechniker verschuldet sind. Da Architekten in der Praxis kaum (verbindliche oder unverbindliche) Kostenvoranschläge betreffend ihre eigenen Leistungen abzugeben pflegen, ist diese Frage jedoch nur für die sonstigen Ziviltechniker relevant.

Im Zusammenhang mit der Verrechnung der Architektenleistung soll § *10 Abs 3 AT* nicht unerwähnt bleiben, wonach der Architekt während der Bearbeitungszeit „möglichst leistungskonforme Teilzahlungen anzufordern" hat.

Aus dieser — in die Form einer standesrechtlichen Pflicht gekleideten — Vorschrift kann der Architekt allerdings ohne diesbezügliche vertragliche Abrede uE kein Recht gegenüber dem Bauherrn ableiten, Teilrechnungen zu legen, wie dies § 1170, 2. Satz ABGB bei der Errichtung des Werkes in „selbständigen Abteilungen" vorsieht; wenn die letztere Voraussetzung nicht ge-

---

[34]) Vgl *Rant / Rant* aaO 7.

[35]) Vgl *Rant/Rant* aaO 28.

[36]) Vgl *Krejci* in *Rummel,* ABGB^2 I Rz 7 zu § 1170a.

[37]) Vgl *Rant / Rant* aaO 28.

[38]) Vgl *Krejci* in *Rummel,* ABGB^2 I Rz 7, 25 zu § 1170a.

geben ist, bleibt es vielmehr ohne entsprechende vertragliche Vereinbarung bei der Grundregel des § 1170, 1. Satz ABGB, wonach das Entgelt erst nach vollendetem Werk zu entrichten ist.[39])

Bereits anhand dieser beispielhaften Darstellung zeigt sich, daß die Durchsetzung der in der GOA enthaltenen, das Rechtsverhältnis zwischen Auftraggeber und Architekt betreffenden Bestimmungen durchaus problematisch sein kann. Es ist daher zu empfehlen, die gewünschten Regelungen zusätzlich zur Vereinbarung der GOA als einzelvertragliche Bestimmungen im Architektenvertrag ausdrücklich festzulegen.

7.3. ÖNORMEN

7.3.1. Allgemeines

Als ÖNORMEN werden jene Normen bezeichnet, die vom österreichischen Normungsinstitut entsprechend dem im Normengesetz 1971 vorgesehenen Verfahren geschaffen werden.

Es können grundsätzlich zwei Arten von Normen unterschieden werden[40]):

a) ÖNORMEN mit technischen Inhalten

Hierunter sind jene Normen zu verstehen, die bestimmte technische Merkmale von Produkten, Erzeugungsprozessen udg regeln. Diese Normen, die in erster Linie technische, wirtschaftliche, ordnungsfunktionale und wissenschaftliche Merkmale aufweisen, sollen den Stand der Technik und der Wissenschaften unter Berücksichtigung wirtschaftlicher und sozialer Bedürfnisse wiedergeben.[41])

Da die technischen Normen generell den Charakter einer *unverbindlichen Empfehlung* haben, bedarf es eines zusätzlichen Rechtsaktes, um ihnen Bindungswirkung zu verleihen.

Hiefür kommt einerseits ihre *vertragliche Vereinbarung,* andererseits, insbesondere im öffentlichen Recht, ihre gesetzliche oder vertragliche Ein-

---

[39]) Unklar *Rant / Rant* aaO 39, bei denen nicht deutlich wird, ob bereits die Vereinbarung des AT und damit des § 10 Abs 3 für sich ein Recht des Architekten zur Legung von Teilrechnungen begründet oder es vielmehr einer zusätzlichen Vereinbarung bedarf.

[40]) Vgl *Hartmann,* ÖNORMEN, ihr Zustandekommen, ihre Rechtsnatur und ihre Anwendung im technischen Recht, in: *Korinek / Krejci,* HdBW V-Mon-1, 17 ff.

[41]) Vgl *Hartmann,* ÖNORMEN-Rechtsgrundlagen, Rechtsnatur und ihre Bedeutung als allgemeine Geschäftsbedingungen, in: *Kühne,* Rechtsfragen des Bauvertrages 52.

beziehung in Form der *Verwendung unbestimmter Rechtsbegriffe* wie „allgemein anerkannte Regeln der Technik", „Stand der Technik", „allgemein anerkannte Regeln der Baukunst" usw in Betracht. Der Inhalt derartiger Begriffe ist dann insbesondere mit Hilfe einschlägiger ÖNORMEN zu ermitteln.

b) ÖNORMEN mit vornormierten Vertragsinhalten

Diese ÖNORMEN, auch bezeichnet als ÖNORMEN des Verdingungswesens, haben vornormierte Vertragsinhalte zum Gegenstand, die freilich ebenfalls im Wege der *Parteienvereinbarung* in Geltung gesetzt werden müssen, um ihnen verbindlichen Charakter zu verleihen.[42])

Im Bereich des Bauwesens finden va die ÖNORMEN allgemeineren Inhalts, nämlich die ÖNORM A 2060 „Allgemeine Vertragsbestimmungen für Leistungen" und die ÖNORM B 2110 „Allgemeine Vertragsbestimmungen für Bauleistungen" des öfteren Anwendung.

Im folgenden soll geprüft werden, ob und in welchem Umfang den ÖNORMEN im Bereich des Architektenvertrages Bedeutung zu kommt.

7.3.2. Relevanz der technischen ÖNORMEN

Wie oben bereits ausgeführt, besteht die rechtliche Bedeutung der technischen ÖNORMEN in der *Ausfüllung unbestimmter Rechtsbegriffe,* wie „allgemein anerkannte Regeln der Technik", „allgemein anerkannte Regeln der Baukunst" usw.

Ist der Architekt kraft Gesetzes oder vertraglicher Vereinbarung zur Einhaltung der allgemein anerkannten Regeln der Technik oder der Baukunst verpflichtet, so hat er grundsätzlich die in den technischen ÖNORMEN enthaltenen Vorschriften zu beachten, weil diese schon nach der Art ihrer Entstehung idR Gewähr dafür bieten, auch tatsächlich den Stand der Technik wiederzugeben (vgl aber unten).

Es ist daher *nicht notwendig,* ÖNORMEN, welche den Stand der Technik festschreiben, *eigens vertraglich* zu vereinbaren; der Architekt hat vielmehr auch ohne solche Vereinbarung für den — in ÖNORMEN näher konkretisierten — Stand der Technik einzustehen.

Da der Architekt gem § 1 Abs 1 AT seine Leistungen nach den allgemein anerkannten Regeln der Technik bzw der Baukunst zu erbringen hat, wird bei Zugrundelegung der GOA im Architektenvertrag in jenen Berei-

[42]) Vgl *Larcher,* Die neuen ÖNORMEN des Verdingungswesens A 2060 und B 2110 RdW 1984, 166ff.

chen, die durch ÖNORMEN geregelt sind, zumindest in der Regel deren technischer Standard zu gelten haben. [43])

Haben die Parteien die GOA nicht als Vertragsgrundlage vereinbart und auch sonst im Architektenvertrag keine Regelung über die Art und Weise der Werkerstellung getroffen, kommen die diesbezüglichen Vorschriften des ABGB über den Werkvertrag zur Anwendung, wonach der Werkunternehmer, dh der Architekt, das Werk so auszuführen hat, wie es die Übung des redlichen Verkehrs erfordert und für Werke der zu erstellenden Art ortsüblich und angemessen ist.

Dabei sind die jeweils anerkannten Regeln des für die Werkerstellung erforderlichen Faches anzuwenden, so im Bereich der Bauwirtschaft die anerkannten Regeln der Technik und Baukunst. [44])

Zu beachten ist hiebei insbesondere der in § 1299 ABGB verankerte objektive Sorgfaltsmaßstab, welcher im Falle des Architekten zum selben Ergebnis führt. [45])

Es ist unzweifelhaft, daß es sich bei den bestehenden technischen ÖNORMEN um *Regeln der Technik und Baukunst* handelt. Davon abgesehen ist jedoch zu fragen, ob der Inhalt dieser technischen ÖNORMEN dem entspricht, was im allgemeinen von den entsprechend vorgebildeten Fachkreisen des maßgeblichen Bereiches anerkannt wird. Aufgrund des Zustandekommens der technischen ÖNORMEN scheint zwar prima facie bewiesen, daß es sich bei ihnen auch um *anerkannte* Regeln der Technik handelt; im Einzelfall kann sich jedoch Abweichendes ergeben. [46]) So kann etwa der Stand der Technik einer einschlägigen ÖNORM vorauseilen oder — was selten vorkommen dürfte — auch hinter ihr zurückbleiben.

7.3.3. Bedeutung der ÖNORMEN des Verdingungswesens

Die ÖNORMEN des Verdingungswesens sind bis auf die ÖNORM A 2060 bereits ihrer Bezeichnung nach auf *Bauleistungen* zugeschnitten (so auch die allgemeine Norm B 2110 „Allgemeine Vertragsbestimmungen für Bauleistungen“) und als solche auf das Vertragsverhältnis zwischen Architekt und Bauherrn theoretisch anwendbar; ihre Vereinbarung kommt aber praktisch nicht vor.

---

[43]) Vgl *Rant / Rant* aaO 7.

[44]) Vgl *Krejci* in *Rummel,* ABGB^2 I Rz 86 zu §§ 1165, 1166.

[45]) Vgl zur Haftung von Bauunternehmern *Reischauer* in *Rummel,* ABGB II Rz 6, 36 zu § 1299.

[46]) Vgl *Hartmann* in *Korinek / Krejci,* HdBW V-Mon-1, 29.

Ebenso ergibt sich aus dem Inhalt und dem Gesamtbild der ÖNORM A 2060 sowie dem Umstand, daß als ergänzende Normen derzeit nur solche für Bauleistungen (ÖNORM B 2110) und Haustechnik (ÖNORM B 2118) vorliegen, daß die ÖNORM A 2060 nicht für Werkverträge jeglichen Inhaltes, sondern nur für solche über Bauarbeiten und gewisse baunahe Leistungen bestimmt ist[47]), auch diese ÖNORM also in ihrer Gesamtheit als Vertragsbestandteil des Architektenvertrages ausscheidet.

---

[47]) Vgl *Larcher,* RdW 1984, 169.

III. Die Pflichten des Architekten

1. Allgemeines

Da der Architektenvertrag *nicht* als spezieller Vertragstyp geregelt ist, können die sich aus dem Vertragsverhältnis zwischen Architekt und Bauherrn ergebenden Pflichten sowie die geschuldeten Leistungen als solche nicht dem Gesetz entnommen werden.

Zur Umgrenzung der im Regelfall dem Architekten obliegenden Leistungen und Pflichten kann jedoch die *Gebührenordnung für Architekten* insofern eine große Hilfestellung bieten, als in ihr zwar nicht die Leistungsinhalte eines Architektenvertrages bindend festgelegt werden, sie jedoch die für die Gebührenberechnung relevanten Architektenleistungen, welche im Zweifel den in der Praxis gängigen Architektenleistungen entsprechen, ausführlich beschreibt.

Über die Leistungspflichten der GOA hinaus treffen den Architekten jedoch noch sonstige Pflichten, die sich aus den bevollmächtigungsvertraglichen Elementen des Architektenvertrages und dem daraus resultierenden Vertrauensverhältnis zwischen Architekt und Bauherrn ergeben.

2. Die Hauptleistungspflichten des Architekten

2.1. Überblick über die Teilleistungen nach § 34 GOA

Wie bereits eingangs ausgeführt, soll im Rahmen dieses Buches lediglich auf den mit Aufgaben im Bereich baulicher Leistungen befaßten Architekten näher eingegangen werden.

Die von einem mit der *Vollarchitektur,* also mit sämtlichen Tätigkeiten von der Planung bis zur Bauaufsicht, beauftragten Architekten durchzuführenden gebührenpflichtigen Leistungen werden in *§ 34 GOA* derart festgelegt, daß sie ähnlich einem Stufenplan das Entstehen eines Bauwerkes widerspiegeln.

2.1.1. Planungsleistungen

Diese umfassen gemäß § 34 lit a bis e GOA nachstehende Teilleistungen:

Vorentwurf (lit a): In diesem ersten Planungsstadium erarbeitet der Architekt einen grundsätzlichen Lösungsvorschlag der Planungsaufgabe nach dem ihm vom Auftraggeber bekanntgegebenen Raum- und Funktionsprogramm in Form einer ersten skizzenhaften Darstellung der Lösungsmöglichkeit(en).

Weiters hat der Architekt bereits in dieser Phase die wesentlichen gestalterischen, technischen, wirtschaftlichen, energiewirtschaftlichen und ökologischen Zusammenhänge, Vorgänge und Bedingungen zu klären und anhand eines entsprechenden Berichtes zu erläutern.[48])
Es ist eine überschlägige Baukostenschätzung nach bestimmten Größen, wie etwa umbautem Raum, verbauter Fläche udg vorzunehmen.

Entwurf (lit b): Nach erfolgter Genehmigung des Vorentwurfes durch den Auftraggeber soll das Planungskonzept durchgearbeitet und die Bauaufgabe so gelöst werden, daß diese Lösung ohne weitere Änderung den folgenden Teilleistungen zugrunde gelegt werden kann. Die Darstellung der Grundrisse, Ansichten und Schnitte erfolgt in der Regel im Maßstab 1:100.

Einreichung (lit c): Nach Vorliegen eines entsprechenden Entwurfes hat der Architekt sämtliche für die baubehördliche Genehmigung des Vorhabens erforderlichen Erhebungen vorzunehmen, Verhandlungen mit den zuständigen Behörden über die Genehmigungsfähigkeit des Projektes zu führen sowie die erforderlichen Zeichnungen und Schriftstücke auf der Grundlage des Entwurfes zu verfassen, einzureichen sowie gegebenenfalls zu vervollständigen und anzupassen.

Kostenberechnungsgrundlage (lit d): In diesem Leistungsstadium ist die überschlägige Baukostenschätzung durch die Aufstellung bzw Einholung und Koordinierung detaillierter und eingehend beschriebener Leistungsverzeichnisse und Massenberechnungen der Sonderfachleute sowie erforderlichenfalls die Schätzung der Herstellungskosten aufgrund der ortsüblichen Richtpreise auf eine verbindliche Grundlage zu stellen.

Ausführungs- und Detailzeichnungen (lit e): Auf der Basis des genehmigten Entwurfes wird vom Architekten die ausführungsreife Lösung der Bauaufgabe mit allen Maßen und konstruktiven Angaben sowie allen für die Ausführung erforderlichen Detailzeichnungen in einem dafür geeigneten Maßstab erarbeitet. Hiebei ist eine entsprechende Zusammenarbeit mit den Sonderfachleuten und eine Koordination der von sämtlichen an der Planung fachlich Beteiligten zu erbringenden Einzelleistungen von besonderer Bedeutung.
In diesem Zusammenhang sei darauf hingewiesen, daß der Architekt bei der Frage, ob und welche Sonderfachleute dem Bauvorhaben beizuziehen sind, einerseits die Grenze seines eigenen Fachwissens zu bedenken und darüber hinaus sorgfältig zu prüfen hat, ob die von ihm vorgeschlagenen Sonderfachleute auch tatsächlich die erforderliche Qualifikation auf dem entsprechenden Spezialgebiet besitzen. Für den Architekten empfiehlt es sich jedenfalls, den Auftraggeber auf die durch die

[48]) Vgl *Locher* aaO Rz 230.

Beiziehung von Sonderfachleuten zusätzlich anfallenden Kosten ausdrücklich hinzuweisen. [49])

2.1.2. Überwachungsleistungen

Diese in § 34 lit f—h GOA näher beschriebenen Architektenleistungen umfassen die Tätigkeit des Architekten während der Ausführung des Bauwerkes.

Im einzelnen sind dabei nachstehende Teilleistungen zu unterscheiden:

Künstlerische Oberleitung der Bauausführung (lit f): Der Architekt hat zunächst die Herstellung des Bauwerkes im Hinblick auf die Übereinstimmung mit dem von ihm gefertigten Entwurf und der von ihm vorgesehenen Gestaltung zu überwachen sowie im Zusammenhang damit etwa auftretende Fragen zu klären.
Dieser Überwachungspflicht hat er ab Baubeginn bis zur Schlußabnahme des Bauwerkes nach dessen Fertigstellung nachzukommen.

Technische und geschäftliche Oberleitung der Bauausführung (lit g): Unter diesem Begriff sind alle jene Tätigkeiten des Architekten im Zusammenhang mit der Bauausführung zu verstehen, die für ein einwandfreies Entstehen des Bauwerkes erforderlich sind und weder Aufgaben der Bauführung selbst noch solche der örtlichen Bauaufsicht betreffen.
So sind davon die Beratung und Vertretung des Bauherrn, die Durchführung der Verhandlungen mit Behörden, Sonderfachleuten und sonstigen an der Planung oder Bauausführung Beteiligten sowie die Durchführung der Angebotsausschreibung, Prüfung der einlangenden Angebote und Vergabe der Aufträge umfaßt.
Weiters hat der Architekt, soweit erforderlich, einen Zeit- und Zahlungsplan aufzustellen.
Dem Architekten obliegt die Prüfung der von Professionisten und Sonderfachleuten gelegten Schlußrechnungen unter Zugrundelegung der Rechnungsprüfungsergebnisse der örtlichen Bauaufsicht, die Feststellung der anweisbaren Rechnungsbeträge und die Antragstellung auf Leistung von Teil- und Schlußzahlungen über Vorschlag der örtlichen Bauaufsicht beim Bauherrn.
Im Einvernehmen mit der örtlichen Bauaufsicht ist die Schlußabnahme des Bauwerkes nach dessen Fertigstellung durchzuführen.

Örtliche Bauaufsicht (lit h): Der mit der örtlichen Bauaufsicht beauftragte Architekt hat die Herstellung des Bauwerkes vor Ort zu überwachen und die Interessen des Bauherrn auf der Baustelle zu vertreten.

---

[49]) Vgl *Pott / Frieling* aaO Rz 159.

Das bedeutet, daß er zur örtlichen Koordinierung aller Lieferungen und Leistungen sowie zur Prüfung von deren Übereinstimmung mit den behördlichen Genehmigungen, den Ausführungsplänen, Angaben und Anweisungen des Architekten sowie mit den anerkannten Regeln der Technik und einem etwa vorhandenen Zeitplan verpflichtet ist.
Darüber hinaus hat er ein Bautagebuch zu führen, Teilleistungen der bauausführenden Unternehmen abzunehmen, die für die Abrechnung erforderlichen Aufmessungen zu kontrollieren und die gelegten Rechnungen auf ihre Richtigkeit und Vertragsmäßigkeit zu überprüfen sowie im Einvernehmen mit der Oberleitung die technische Schlußabnahme des Bauwerkes durchzuführen.

2.2. Rechtliche Qualifikation der Teilleistungen nach § 34 GOA

Ausgehend von der in Pkt II.1. vorgenommenen Einteilung der Leistungen nach § 34 GOA in die Bereiche *Büroleistung* einerseits und *örtliche Bauaufsicht* andererseits soll im folgenden die *rechtliche Einordnung* des Architektenvertrages in Abhängigkeit von den *dem Architekten* darin *übertragenen Teilleistungen* untersucht werden.

2.2.1. Büroleistung

Unter dem Begriff „Büroleistung" sind in der GOA die *Planungsleistungen* des Architekten — bestehend aus Vorentwurf, Entwurf, Einreichung, Kostenberechnungsgrundlage sowie Ausführungs- und Detailzeichnungen (§ 34 lit a—e GOA) — und die *Oberleitung der Bauausführung* — in künstlerischer bzw technischer und geschäftlicher Hinsicht (§ 34 lit f und g GOA) — zusammengefaßt.

Wird der Architekt vom Bauherrn lediglich mit der *Herstellung von Plänen* betraut, so wird dieses Vertragsverhältnis, wie bereits erwähnt, von Lehre und Rechtsprechung übereinstimmend als *Werkvertrag* qualifiziert.

In einem solchen Vertrag verpflichtet sich der Architekt zur Herstellung eines den Umständen und den Vorstellungen des Bauherrn (Werkbestellers) entsprechenden Werkes, weil der Begriff „Werk" nicht nur die Herstellung einer körperlichen Sache, sondern auch die Schaffung ideeller, unkörperlicher Sachen, also geistiger Werke umfaßt.[50])

Lehre und Judikatur zweifeln zu Recht nicht daran, daß der vom Architekten gefertigte Bauplan ein Werk im Sinne des § 1165 ABGB darstellt, in welchem sich die geistige Arbeit des Architekten verkörpert.[51])

---

[50]) Vgl *Krejci* in *Rummel,* ABGB² I Rz 4, 9 zu §§ 1165, 1166.

[51]) Vgl EvBl 1974/296.

Die Teilleistungen *künstlerische* bzw *technische und geschäftliche Oberleitung der Bauausführung,* die überwiegend Überwachungs- und Vertretungshandlungen des Architekten zum Gegenstand haben, werden neben werkvertraglichen Elementen idR auch *Elemente eines Bevollmächtigungsvertrages* enthalten, sodaß *uE* bei Beauftragung des Architekten mit der *gesamten* Büroleistung von einem *gemischten* Vertrag mit Elementen eines Werk- und eines Bevollmächtigungsvertrages auszugehen ist.[52])

Der *OGH* nahm demgegenüber in der Entscheidung EvBl 1974/296 eine Qualifikation der Teilleistungen künstlerische bzw technische und geschäftliche Oberleitung der Bauausführung des § 34 GOA dahingehend vor, daß es sich bei den genannten Teilleistungen „nach deren Definition *überwiegend* um die *Leistung von Werken*" handle. Im Ergebnis ging der OGH in dieser Entscheidung davon aus, daß der mit dem Architekten über die Büroleistung geschlossene Vertrag selbst bei Hinzutreten etwaiger bevollmächtigungsvertraglicher Elemente *überwiegend* ein *Werkvertrag* sei.[53])

2.2.2. Büroleistung und örtliche Bauaufsicht

Der Vertrag, in welchem sich der Architekt neben der Erstellung von Bauentwürfen und der Oberleitung der Bauausführung *auch* zur *Vornahme der örtlichen Bauaufsicht* (§ 34 lit h GOA) verpflichtet, enthält neben den rein werkvertraglichen Verrichtungen eine Reihe von Tätigkeiten, die den Architekten zur Wahrnehmung der Interessen des Bauherrn gegenüber Behörden und Professionisten, dh zu einer sogenannten „Geschäftsbesorgung", verpflichten.

Diese Geschäftsbesorgung ist als *Auftrag* zu qualifizieren, der in der Regel mit der Erteilung einer entsprechenden *Vollmacht* zwecks für den Bauherrn wirksamer Vornahme von Rechtshandlungen gegenüber Dritten (Professionisten, Behörden, etc) verbunden ist. Die Unterstellung dieser Art von Tätigkeiten unter die §§ 1002ff ABGB (Bevollmächtigungsvertrag) liegt daher auf der Hand.

Im Gegensatz zum Werkvertrag, der tatsächliche Verrichtungen zum Gegenstand hat, umfaßt der *Bevollmächtigungsvertrag* die Vornahme von *Rechtsgeschäften* und *rechtsgeschäftsähnlichen Handlungen* und ist seinem Zweck nach auf eine stellvertretende Tätigkeit des Bevollmächtigten gerichtet.[54])

---

[52]) Vgl *Strasser* in *Rummel,* ABGB^2 I Rz 27 zu § 1002; MietSlg 35.105.

[53]) Vgl EvBl 1974/296; dazu kritisch *Strasser* in *Rummel,* ABGB^2 I Rz 27 zu § 1002.

[54]) EvBl 1953/136.

Verträge, mit denen der Architekt sämtliche Leistungen von der Bauplanung bis hin zur örtlichen Bauaufsicht übernimmt, enthalten neben werkvertraglichen Elementen somit auch Elemente eines Bevollmächtigungsvertrages und sind als *gemischte* Verträge anzusehen (zur Grenze der Vertretungsmacht des Architekten siehe unten Pkt IV.2.2.).

In der Regel kommt bei Vorliegen gemischter Verträge die *Kombinationstheorie* zur Anwendung, die das jeweils anzuwendende Recht von der Art der in Frage stehenden Vertragspflicht abhängig macht, es kann aber auch die *Absorptionstheorie* zum Tragen kommen, wonach das für die *charakteristische* Leistung geltende Vertragstypenrecht für den Vertrag in seiner Gesamtheit bestimmend ist und alle anderen Vorschriften verdrängt werden.

Der OGH vertrat zunächst die Auffassung[55]), daß bei Betrauung des Architekten nicht nur mit der Entwurfsherstellung, sondern auch mit der Verrichtung gewisser Vertretungshandlungen für den Bauherrn und mit der Überwachung des Bauprojektes zwar *grundsätzlich* vom Überwiegen der Werkvertragselemente auszugehen sei, *im Einzelfall* jedoch dem Vertrauensmoment zwischen Bauherrn und beauftragtem Architekten eine besondere, zumindest nicht bloß untergeordnete Bedeutung zukommen könne, was dann zur Maßgeblichkeit der Elemente des Bevollmächtigungsvertrages führe.[56])

Unter dem Einfluß des *Deutschen Bundesgerichtshofes* (BGH), der bei ähnlicher Rechtslage in seiner grundlegenden Entscheidung[56a]) feststellte, daß der Architektenvertrag im Falle der Übertragung sämtlicher Architektenleistungen Werkvertrag sei, da die vom Architekten vorgenommenen Verhandlungen mit Behörden sowie die Vertretungs- und Überwachungstätigkeiten lediglich *dienende Funktion* im Hinblick auf die Verwirklichung des im Bauplan verkörperten geistigen Werkes des Architekten hätten, sprach der *OGH in jüngerer Zeit* aus[57]), daß von den Leistungen des Architekten gerade der *Verfassung der Baupläne* die *entscheidende Bedeutung* für die Errichtung des Bauwerkes zukomme, während die vorgenommenen Vertretungshandlungen (Verhandlungen mit Behörden, Einholen von Angeboten, Überwachung der Bauunternehmer, uä) demgegenüber in den Hintergrund treten würden. Da somit die Elemente des Werkvertrages den Gesamteindruck bestimmten, seien Vertragsverhältnisse dieser Art regelmäßig nach *Werkvertragsrecht* zu beurteilen.

---

[55]) Vgl EvBl 1953/136, 1966/336.

[56]) Diese Richtung begrüßend auch *Strasser* in *Rummel,* ABGB^2 I Rz 27 zu § 1002.

[56a]) NJW 1960, 431; vgl oben Pkt II.3.

[57]) EvBl 1974/296; HS 9514g; OGH HdBW V/19.

Ausgehend von der jüngeren Judikatur des OGH kann somit ein Vertragsverhältnis, aufgrund dessen dem Architekten sämtliche in der GOA vorgesehenen Architektenleistungen vom Vorentwurf bis zur örtlichen Bauaufsicht übertragen werden, als gemischter Vertrag mit Elementen des Werk- und des Bevollmächtigungsvertrages angesehen werden, bei dem in der Regel die *Elemente des Werkvertrages überwiegen.*

Kommt jedoch im Einzelfall aufgrund der konkreten Vertragsgestaltung dem Vertrauensmoment zwischen Auftraggeber und beauftragtem Architekten eine besondere Bedeutung zu[58]), so kann auch von einem Überwiegen der Bevollmächtigungsvertragselemente auszugehen sein.

Grundsätzlich müssen gemäß § 1151 Abs 2 ABGB bei Werkverträgen, „insoweit damit eine Geschäftsbesorgung . . . verbunden ist, *auch* die Vorschriften über den Bevollmächtigungsvertrag (§§ 1002ff ABGB) beobachtet werden".

Dies schafft keinerlei Probleme, soweit die anzuwendenden Bestimmungen einander nicht widersprechen. Besteht jedoch zwischen Vorschriften über den Bevollmächtigungsvertrag und Bestimmungen über den Werkvertrag ein Widerspruch, so wird aus dem Wortlaut des § 1151 Abs 2 ABGB („auch") eine *Vorrangigkeit* der Vorschriften über den Werkvertrag jedenfalls dann abgeleitet, wenn dessen Elemente den wesentlichen Teil des Vertragsverhältnisses bilden.[59])

Da von der hA idR davon ausgegangen wird, daß die Geschäftsbesorgung lediglich einen unwesentlichen Teil des Vertragsverhältnisses zwischen Bauherrn und Architekten darstellt, ist im Zweifel von einer Vorrangigkeit der werkvertraglichen Bestimmungen auszugehen. Es bleibt jedoch stets zu prüfen, ob die Vertragspartner nicht im Einzelfall den bevollmächtigungsvertraglichen Elementen des Architektenvertrages besondere Bedeutung für das Vertragsverhältnis beilegen wollten und damit die Geschäftsbesorgung als wesentlicher Vertragsgegenstand anzusehen ist. In derartigen Ausnahmefällen wäre im Widerspruchsfall den Bestimmungen des Bevollmächtigungsvertrages der Vorrang zu geben.[60])

Die wohl auch in der Praxis wichtigste Konsequenz der Vorrangigkeit der Werkvertragsnormen im Falle ihrer Unvereinbarkeit mit jenen des Bevollmächtigungsvertrages zeigt sich bei *vorzeitiger Vertragsauflösung.*

Hier bestimmt § 1168 Abs 1 ABGB, daß dem Werkunternehmer dann, wenn die Ausführung des Werkes unterblieben ist, obwohl er zur Leistung

---

[58]) Vgl etwa OGH in JBl 1967, 376 bei verhältnismäßig hohem Kostenaufwand der Gebäudeerrichtung und einer langen Bauzeit.

[59]) Vgl *Adler / Höller* in *Klang*^{2} V 175.

[60]) Vgl *Adler/Höller,* ebenda.

bereit war und durch *Umstände auf seiten des Bestellers* daran gehindert worden ist, gleichwohl ein *Anspruch auf das vereinbarte Entgelt,* wenn auch unter Anrechnung der ersparten Aufwendungen, zusteht (vgl unten Pkt VI.2.).

So findet sich auch in den in der Praxis üblichen Architektenverträgen die Bestimmung, daß dem Architekten im Fall einer vorzeitigen Vertragsauflösung, deren Ursachen nicht in seiner Sphäre liegen, der volle Gebührenanspruch unter Anrechnung der durch die vorzeitige Beendigung ersparten Aufwendungen — aus Vereinfachungsgründen oft in Form eines prozentuellen Pauschalabzuges von dem auf die noch nicht erbrachten Leistungen entfallenden Honorarteil — erhalten bleibt.

Ist demgegenüber im Einzelfall von einem Überwiegen der Elemente des Bevollmächtigungsvertrages und somit von der Anwendung der diesbezüglichen gesetzlichen Vorschriften auszugehen, so ist der Bauherr als Machtgeber im Falle einer Vertragsauflösung, welche jederzeit in seinem Belieben steht, gemäß § 1020 ABGB lediglich verhalten, dem Architekten als Machthaber einen *dessen Bemühungen angemessenen Teil* des gebührenden Entgelts samt Aufwands- und gegebenenfalls Schadenersatz zu leisten.

Im Ergebnis bleibt somit dem Werkunternehmer bei vorzeitiger Vertragsauflösung durch den Werkbesteller sein Honoraranspruch auch für die nicht erbrachten Leistungen — wenngleich unter Abzug ersparter Aufwendungen — erhalten, während der Machthaber auf eine Honorierung seiner bis zur Vertragsauflösung erbrachten Leistungen durch den Machtgeber beschränkt ist.

2.2.3. Örtliche Bauaufsicht und / oder Oberleitung der Bauausführung

In der Praxis werden Architektenaufträge des öfteren in der Form *geteilt,* daß ein Architekt mit der gesamten Büroleistung, ein anderer mit der örtlichen Bauaufsicht, bzw ein Architekt mit den gesamten Planungsleistungen sowie der künstlerischen Oberleitung, ein anderer Architekt mit der technischen und geschäftlichen Oberleitung und der örtlichen Bauaufsicht beauftragt wird.

Wie bereits dargestellt (vgl oben Pkt III.2.2.1.) wird bei Beauftragung des Architekten mit der Büroleistung idR von einem Werkvertrag bzw allenfalls von einem gemischten Vertrag mit überwiegenden werkvertraglichen Elementen auszugehen sein.

Ist der Architekt *ausschließlich* mit der *Oberleitung der Bauausführung* und / oder der *örtlichen Bauaufsicht* betraut, wird dieser Vertrag, wenn die wahrzunehmenden Aufgaben ausschließlich Vertretungshandlungen, also Verrichtungen *rechtlicher* Art, beinhalten, als *Bevollmächtigungsvertrag* zu qualifizieren sein. Soweit der Architekt Verrichtungen *tatsächlicher* Art übernommen hat, kommt hinsichtlich dieser Tätigkeiten auch die Annahme eines *freien Dienstvertrages* in Frage.[61])

Der freie Dienstvertrag unterscheidet sich von dem gesetzlich in den §§ 1151 ff ABGB geregelten Dienstvertrag dadurch, daß die vertraglich geschuldeten Dienstleistungen — als solche kommen Arbeiten, Verrichtungen und Tätigkeiten jedweder Art in Betracht — nicht in persönlicher Abhängigkeit, somit ohne Unterworfenheit unter die Weisungen des Dienstgebers und ohne Verpflichtung, die geschuldeten Dienste persönlich zu erbringen, zu leisten sind. Die gesetzlichen Regelungen über den Dienstvertrag finden auf den freien Dienstvertrag daher nur insoweit Anwendung, als sie nicht von einer persönlichen Abhängigkeit des Dienstnehmers ausgehen.[62])

Bei näherer Prüfung der dem Architekten gem § 34 lit g GOA im Rahmen der technischen und geschäftlichen Oberleitung der Bauausführung bzw gem § 34 lit h GOA im Rahmen der örtlichen Bauaufsicht obliegenden Tätigkeiten läßt sich ersehen, daß der Architekt im Rahmen der genannten Teilleistungen sowohl Vertretungshandlungen gegenüber Behörden und Professionisten zu setzen als auch tatsächliche Verrichtungen, insb Überwachungstätigkeiten, vorzunehmen hat, die zugrundeliegenden Vertragsverhältnisse somit idR als *gemischte Verträge* mit Elementen eines Bevollmächtigungs- und eines freien Dienstvertrages zu beurteilen sind.

Auch im Falle des Zusammentreffens von dienstvertraglichen mit bevollmächtigungsvertraglichen Regelungen bestimmt § 1151 Abs 2 ABGB die grundsätzliche Beobachtung beider Normenkomplexe, soweit die anzuwendenden Vorschriften einander nicht widersprechen (vgl dazu oben Pkt III.2.2.2.).

Es soll jedoch nicht verabsäumt werden, in diesem Zusammenhang auf die zur vergleichbaren Problematik in der BRD ergangene grundlegende Entscheidung des *BGH* (vgl oben Pkt II.3.) hinzuweisen, wonach auch der Architektenvertrag, der *nur* die *Oberleitung der Bauausführung* und / oder die *örtliche Bauaufsicht* zum Gegenstand hat, als *Werkvertrag* einzustufen sei. Diese Ansicht wird ebenfalls in der deutschen Literatur mit der Begründung vertreten, daß auch der mit der Oberleitung der Bauausführung oder der örtlichen Bauaufsicht befaßte Architekt einen Beitrag zur Verwirklichung des Bauwerkes leiste.[63])

Da auch in der Judikatur des OGH eine gewisse „werksvertragsfreundliche“ Tendenz (vgl oben Pkt III.2.2.2.) zu beobachten ist, würde es nicht verwundern, wenn der OGH neben den Tätigkeiten des Architekten im Rahmen der Oberleitung der Bauausführung (vgl oben Pkt III.2.2.1.) auch die

---

[61]) Vgl FN 2.

[62]) *Krejci* in *Rummel,* ABGB^2 I Rz 83 zu § 1151.

[63]) Vgl *Soergel* in MünchKomm BGB^2 III/1 Rz 50 zu § 631 mwN.

Leistungen im Rahmen der örtlichen Bauaufsicht als überwiegend nach Werkvertragsrecht zu beurteilend qualifizieren würde. Eine diesbezügliche Entscheidung steht jedoch noch aus.

3. Sonstige Pflichten des Architekten

Neben die in der GOA beschriebenen Hauptleistungspflichten treten bestimmte, sich unmittelbar aus den auf Architektenverträge anzuwendenden gesetzlichen Vorschriften (insb §§ 1002ff und §§ 1165ff ABGB) ergebende Vertragspflichten des Architekten.

3.1. Beratungspflicht

Der Architekt ist zur umfassenden Beratung des Bauherrn bei sämtlichen von ihm zu erbringenden Leistungen verpflichtet.[64])

Diese Beratungspflicht trifft den Architekten bereits *ab Beginn der Leistungserbringung,* somit ab Vorbereitung und Durchführung der Planungsleistungen.

So hat der Architekt die vom Auftraggeber geäußerten Wünsche hinsichtlich Zweckmäßigkeit und Kosten zu überprüfen und den Auftraggeber gegebenenfalls auf damit im Zusammenhang stehende Probleme, insbesondere auch auf mit der Verwendung neuartiger Baustoffe und -methoden möglicherweise verbundene Risken, hinzuweisen.

Sind im Zusammenhang mit der Erlangung der Baugenehmigung Schwierigkeiten oder besondere Kosten zu erwarten, ist der Architekt auch diesbezüglich zu einer Beratung und Aufklärung des Bauherrn verpflichtet[65]) (vgl unten Pkt V.1.3.3.3.).

Im Rahmen der Oberleitung der Bauausführung und der örtlichen Bauaufsicht umfaßt die Beratungspflicht des Architekten die gesamten Vertragsverhältnisse zu Bauunternehmern bzw Lieferanten, denen gegenüber der Architekt die Interessen des Bauherrn bestmöglich zu wahren hat.

3.2. Treuepflicht

Die dem Architekten obliegende Treuepflicht ist Ausfluß der bevollmächtigungsvertraglichen Elemente des Architektenvertrages und spiegelt

[64]) Vgl *Locher* aaO Rz 293 ff; *Pott / Frieling* aaO Rz 195 ff.

[65]) Vgl *Locher* aaO Rz 295 ff.

das zwischen Architekt und Bauherrn mit dem Vertragsabschluß begründete Vertrauensverhältnis wider.

Aus der umfassenden Treuepflicht sind diverse *Handlungs- und Unterlassungspflichten* abzuleiten, so etwa die Verpflichtung zur ausschließlichen Wahrung der Auftraggeberinteressen durch den Architekten, die Anzeigepflicht bei drohenden Gefährdungen sowie die Verpflichtung, keinerlei Zuwendungen von dritter Seite (zB Provisionen von Bauunternehmen) anzunehmen.

3.3. Geschäftsbesorgungspflicht

Der Architekt ist verpflichtet, die von ihm übernommenen Geschäfte entsprechend der Absicht des Bauherrn mit der erforderlichen, ihm zumutbaren Sorgfalt unter Einsatz seines Könnens, das ihm der Bauherr nach Lage des Falles zutrauen durfte, zu besorgen. Er hat seine ihm zur Verfügung stehende geistige und körperliche Arbeitskraft sowie seine fachlichen Mittel und Gehilfen im Rahmen des ihm Zumutbaren einzusetzen. [66])

Der Maßstab der dem Architekten zumutbaren Sorgfalt bestimmt sich nach § *1299 ABGB,* wonach derjenige, der freiwillig ein Geschäft übernimmt, dessen Ausführung eigene Kunstkenntnisse oder einen nicht gewöhnlichen Fleiß erfordert, für den Fleiß und die Kenntnisse eines *durchschnittlichen Fachmannes* des jeweiligen Gebietes einzustehen hat.

3.4. Weisungsunterworfenheit

Aus der Natur des Geschäftsbesorgungsvertrages ergibt sich, daß der Architekt grundsätzlich verpflichtet ist, den Wünschen und Weisungen des Bauherrn zu entsprechen, soweit sie sich im Rahmen der getroffenen Absprache bewegen. [67])

Dieses generelle Weisungsrecht des Auftraggebers erfährt eine gewisse Einschränkung durch die *künstlerische Gestaltungsfreiheit* des Architekten, die ihm erlaubt, in seinem Werk der individuellen Schöpferkraft und dem eigenen Gestaltungswillen Ausdruck zu verleihen. [68])

Das bedeutet im Ergebnis, daß die Weisungsrechte des Bauherrn im künstlerischen Bereich enger gefaßt sind als etwa im finanziellen oder wirtschaftlichen Bereich.

---

[66]) Vgl *Strasser* in *Rummel,* ABGB^2 I Rz 9 zu § 1009.

[67]) Vgl *Strasser* in *Rummel,* ABGB^2 I Rz 14ff zu § 1009.

[68]) *Pott/Frieling* aaO Rz 160ff.

Doch auch der künstlerischen Gestaltungsfreiheit des Architekten sind, von vertraglichen Einschränkungen abgesehen, Grenzen gesetzt.

Der Architekt hat sicherlich nicht das Recht, dem Auftraggeber jede beliebige Projektgestaltung gegen dessen Willen aufzudrängen oder im Rahmen der künstlerischen Oberleitung der Bauausführung gemäß § 34 lit f GOA von den vom Bauherrn genehmigten Entwürfen ohne dessen Einverständnis abzuweichen.

Da sich einerseits der Bauherr gegen unliebsame Überraschungen absichern will, andererseits der Architekt eine totale vertragliche Beschränkung seiner Gestaltungsfreiheit kaum akzeptieren wird, kann dem Bauherrn nur empfohlen werden, sich vor Beauftragung eines bestimmten Architekten mit dessen Stilvorstellungen, etwa anhand bereits verwirklichter Bauvorhaben, entsprechend zu befassen und im Zuge des Vertragsabschlusses eine möglichst weitgehende Konkretisierung der eigenen Vorstellungen vorzunehmen.

3.5. Verschwiegenheitspflicht

Der Architekt ist verpflichtet, alles ihm von seinem Auftraggeber *Anvertraute* und im Zusammenhang mit der Geschäftsbesorgung *Bekanntgewordene* geheimzuhalten.

Dieser Vertragspflicht kommt insofern große Bedeutung zu, als der Architekt im Zuge der Planung und Bauausführung Einblick in die Privat- und Intimsphäre des Auftraggebers sowie seine finanziellen Verhältnisse erhält.

Der Architekt ist auch dann nicht von seiner Verschwiegenheitspflicht entbunden, wenn er von *unerlaubten Handlungen* des Auftraggebers, etwa Steuerhinterziehungen oder Beschäftigung von Schwarzarbeitern, Kenntnis erlangt. Derartige Gesetzesverstöße des Auftraggebers werden aber regelmäßig einen wichtigen Grund für eine vorzeitige Auflösung des Architektenvertrages darstellen[69]) (zur vorzeitigen Vertragsauflösung siehe unten Pkt VI.2.2.).

3.6. Verwahrung und Herausgabe von Unterlagen

Die Verpflichtung des Architekten zur Verwahrung und gegebenenfalls Herausgabe der Bauunterlagen ergibt sich einerseits aus der Geschäftsbesorgungspflicht des Architekten, andererseits aus der ihm gem § 1299 ABGB auferlegten erhöhten Sorgfaltspflicht.

---

[69]) *Locher* aaO Rz 303.

In diesem Zusammenhang ist zwischen Unterlagen, die im Eigentum des Bauherrn stehen, etwa Vermessungs- und Katasterplänen, Bauverträgen, Unterlagen betreffend die Baugenehmigung udg, und Unterlagen, deren Eigentümer der Architekt ist, so vor allem sämtlichen von ihm verfaßten Plänen, zu unterscheiden.

Die *im Eigentum des Bauherrn* stehenden Unterlagen hat der Architekt zu verwahren und diesem auf sein Verlangen im Original herauszugeben, während der Bauherr hinsichtlich der *im Eigentum des Architekten* stehenden Planunterlagen nur Vervielfältigungen verlangen kann und die Originale im Besitz des Architekten verbleiben.

IV. Die Rechte des Architekten

1. Das Urheberrecht des Architekten

1.1. Allgemeine Grundlagen

Das Urheberrecht dient einerseits dem Schutz der geistigen und persönlichen Beziehungen des Schöpfers zu seinem Werk, sozusagen dem Schutz des „geistigen Eigentums“, andererseits dem Schutz der Interessen des Schöpfers an der wirtschaftlichen Nutzung seines Werkes. Das Urheberrecht hat somit eine persönlichkeitsrechtliche und eine vermögensrechtliche Komponente.

Als *Ausfluß des Persönlichkeitsrechts* wären das Recht des Urhebers, über eine Veröffentlichung seines Werkes zu bestimmen, oder das Recht, als Urheber in der von ihm gewünschten Form benannt zu werden, zu erwähnen. Besondere Bedeutung im Bereich des Persönlichkeitsschutzes kommt dem sog *Werkschutz* zu, wonach jede Änderung des Werkes grundsätzlich der Zustimmung des Urhebers bedarf (vgl §§ 19—21 UrhG).

Die *vermögensrechtliche Seite* des Urheberrechts stellt das ausschließliche Recht des Urhebers dar, sein Werk auf die im UrhG vorgesehenen Arten zu verwerten. Dem Urheber wird darin grundsätzlich das alleinige Recht der Vervielfältigung, der Verbreitung, der Sendung sowie der Aufführung und Vorführung seines Werkes vorbehalten (§§ 15—18 UrhG).

Während das Urheberrecht als solches unter Lebenden nicht übertragbar ist, kann der Urheber einem Dritten die Befugnis einräumen, das Werk auf einzelne oder alle der genannten Verwertungsarten zu benützen (sog *Werknutzungsbewilligung*). Wird der Dritte zur ausschließlichen Nutzung des Werkes berechtigt, spricht man von einem *Werknutzungsrecht,* das in der Folge auch den Urheber selbst bindet. Im Umfang des Werknutzungsrechtes des Dritten ist somit auch der Urheber von einer eigenen Nutzung des Werkes ausgeschlossen (§ 24 UrhG).

1.2. Das Architektenwerk

Um Urheberrechtsschutz zu genießen muß eine Schöpfung ein „Werk“ iSd UrhG darstellen.

§ 1 Abs 1 UrhG definiert das Werk als „*eigentümliche geistige* Schöpfung auf dem Gebiet der Literatur, der Tonkunst, der bildenden Künste und der Filmkunst“. Eine Schöpfung weist nach der Judikatur dann die erforderliche Eigentümlichkeit auf, wenn sie das Ergebnis einer *schöpferischen Geistestätigkeit* darstellt und den Stempel der *persönlichen Eigenart des*

Schöpfers trägt oder sich zumindest durch die persönliche Note des Schöpfers von anderen Erzeugnissen ähnlicher Art abhebt. [70])

Im Bereich der bildenden Künste, wozu gem § 3 Abs 1 UrhG auch die Werke der Baukunst zählen, wird ein gewisses Maß an *Originalität* gefordert. Die Schöpfung muß als Gestalt gewordene Idee eine gewisse *Werkhöhe* erreichen, die bloße Zusammenstellung bekannter Elemente nach allgemein anerkannten Grundsätzen der Zweckmäßigkeit ohne Ausdruck der persönlichen Eigenart des Schöpfers kann urheberrechtlichen Schutz nicht beanspruchen. [71])

Bereits aus dem bisher Gesagten ergibt sich, daß nicht jedes vom Architekten entworfene Bauwerk als Werk iSd UrhG anzusehen ist. Wesentliche Voraussetzung dafür ist, daß die Handschrift des Architekten als *individuelle Gestaltung* im Bauwerk Ausdruck findet. Der Urheberrechtsschutz kann sich auch auf einzelne Teile des vom Architekten entworfenen Bauwerkes beschränken.

Grundsätzlich steht zwar der praktische Gebrauchszweck des Bauwerkes seinem Werkcharakter nicht entgegen. Ergeben sich jedoch aus dem bestimmungsmäßigen Zweck des Bauwerkes zwingend bestimmte technische Gestaltungsformen, etwa die Raumaufteilung oder die durch die Bauordnung vorgesehene Zuordnung von Nebengebäuden, so können diese mangels eigenschöpferischer Gestaltung keinen urheberrechtlichen Schutz beanspruchen. [72])

Hinsichtlich der Pläne und Zeichnungen des Architekten kann Urheberrechtsschutz in zweierlei Weise gegeben sein.

Im wohl häufigeren Fall genießen die Baupläne des Architekten einen vom Urheberrechtsschutz des Bauwerkes, das sie darstellen, abgeleiteten Schutz. Dies hat natürlich zur Voraussetzung, daß es sich bei dem Bauwerk um ein Werk der bildenden Künste iSd § 3 Abs 1 UrhG handelt. Die *Pläne* gelten dann als *zweidimensionale Vervielfältigungsstücke des Bauwerks.*

Darüber hinaus können Baupläne im Einzelfall als Werke *wissenschaftlicher oder belehrender Art* gem § 2 Z 3 UrhG geschützt sein. Voraussetzung dafür ist, daß die Darstellungsform der Pläne und Zeichnungen die erforderlichen individuellen Gestaltungszüge aufweist, der darstellerische Gedanke somit auf eine eigentümliche Art in der Abbildung zum Ausdruck kommt. In diesem Fall genießen die Baupläne auch ohne Werkcharakter des dargestellten Objektes Urheberrechtsschutz. [73])

---

[70]) Vgl zB SZ 55/29.

[71]) OGH 12. 6. 1979, 4 Ob 343/79.

[72]) Vgl *von Gamm,* Der Architekt und sein Werk, BauR 2/1982, 103; *Locher* aaO Rz 357.

[73]) Vgl *Scolik,* Anm zu OGH WBl 1987, 240; *von Gamm,* BauR 2/1982, 100.

1.3. Das Vervielfältigungsrecht des Architekten

1.3.1. Allgemeines

Von den bereits genannten Verwertungsrechten kommt im Bereich des Architektenvertrages vor allem dem Vervielfältigungsrecht besondere Bedeutung zu. Gem § 15 Abs 4 UrhG umfaßt das Vervielfältigungsrecht bei Plänen und Entwürfen zu Werken der bildenden Künste „auch das ausschließliche Recht, das Werk nach diesen Plänen und Entwürfen auszuführen".[74])

Das Vervielfältigungsrecht des Architekten beinhaltet somit *Wiederholung* und *Wiedergabe* sowohl des geschützten Bauwerkes als auch des Planes oder Entwurfes in einer Werkverkörperung; das bedeutet, daß sowohl der Nachbau nach dem Plan als auch nach einem danach ausgeführten Bauwerk eine grundsätzlich dem Architekten vorbehaltene Vervielfältigung darstellt.[75])

Ebenso schränkt § 42 Abs 4 UrhG das jedermann zustehende Recht, von einem Werk einzelne Vervielfältigungsstücke zum eigenen Gebrauch herzustellen, dahingehend ein, daß die *Ausführung* eines Werkes der Baukunst *nach einem Plan oder Entwurf* oder der *Nachbau* eines solchen Werkes stets *nur mit Einwilligung des Berechtigten* zulässig ist.

Da auch die Fotographie eine vom Urheberrecht erfaßte Form der Vervielfältigung darstellt, soll der Vollständigkeit halber auf die Bestimmung des § 54 Z 5 UrhG verwiesen werden, wonach eine Vervielfältigung eines Werkes der Baukunst nach einem ausgeführten Bau mit Ausnahme des Nachbaues dieses Werkes zulässig ist („Freiheit des Straßenbildes"). Nicht erforderlich ist, daß sich das Bauwerk an einem öffentlichen oder öffentlich zugänglichen Ort befindet, weshalb auch die in einem unzugänglichen Privatpark gelegene Villa oder die Hofansicht eines Hauses unter die Ausnahmebestimmung des § 54 Z 5 UrhG fällt. Darüber hinaus ist diese freie Werknutzung an Bauwerken nicht auf deren Außenansicht beschränkt, sondern sind auch die Innenteile von Bauwerken, wie das Treppenhaus, die Vorhalle oder einzelne Zimmer davon umfaßt.[76])

1.3.2. Werknutzung durch den Bauherrn

1.3.2.1. Ausdrückliche Rechtseinräumung im Architektenvertrag

Wie bereits erwähnt, kann der Architekt die ihm als Urheber in Form der Verwertungsrechte, insbesondere des Vervielfältigungsrechts, aus-

---

[74]) Vgl OGH HdBW V/63.

[75]) *Von Gamm,* BauR 2/1982, 104.

[76]) Vgl OGH EvBl 1990/16; *Kucsko,* Die Freiheit des Straßenbildes, GedS *Schönherr* 125 ff, 131.

schließlich zustehenden Nutzungsbefugnisse einem Dritten, etwa dem Bauherrn, in Form einer *Werknutzungsbewilligung* oder eines *Werknutzungsrechts* einräumen.

Der konkrete Inhalt der eingeräumten Werknutzung hängt primär von der vertraglichen Regelung im Architektenvertrag ab, wobei in diesem Zusammenhang zu berücksichtigen ist, daß hinsichtlich der Einräumung derartiger Werknutzungen *widerstreitende Interessen* aufeinandertreffen.

Der Architekt als Urheber des Werkes wird sich insbesondere das Vervielfältigungsrecht soweit als möglich vorbehalten wollen, weil er dadurch einer Ausführung des Werkes *ohne* seine Zustimmung widersprechen bzw dafür ein angemessenes Entgelt (vgl unten Pkt IV.1.3.3.) verlangen kann.

Der Bauherr wird seinerseits die Berechtigung zu erlangen versuchen, die Pläne und Entwürfe auch ohne Mitwirkung des Architekten für die Ausführung des geplanten Bauwerkes zu verwenden, um sicherzustellen, das Architektenwerk auch im Falle vorzeitiger Auflösung des Architektenvertrages ohne weiteren Entgeltanspruch des Architekten verwerten zu können (vgl unten Pkt IV.1.3.3.).

Die vertragliche Regelung wird im Einzelfall wesentlich von der Macht des jeweiligen Vertragspartners, seine Interessen gegenüber dem anderen Partner durchzusetzen, abhängen.

1.3.2.2. Vertragsauslegung nach dem Vertragszweck

Enthält der Architektenvertrag keinerlei Regelung über die Einräumung urheberrechtlicher Nutzungsrechte an den Bauherrn, ist nach allgemeinen Grundsätzen im Wege der *ergänzenden Vertragsauslegung* zu fragen, was die Vertragspartner nach dem im Vertrag zum Ausdruck kommenden Willen und der Übung des redlichen Verkehrs vereinbart hätten, hätten sie bei Vertragsabschluß die Frage der Werknutzung durch den Bauherrn bedacht.

Hiebei kommt im Urheberrecht, insbesondere bei Ermittlung der dem Nutzungsberechtigten eingeräumten Rechte, dem *Vertragszweck* insofern entscheidende Bedeutung zu, als *im Zweifel* davon auszugehen ist, daß der Urheber keine weitergehenden Rechte einräumt, als nach dem Vertragszweck erforderlich ist.[77])

Rechte, die nach dem bisher Gesagten die Erreichung des Vertragszweckes erst ermöglichen, sind somit *übliche Bestandteile* der Architektenleistung und als solche bereits mit dem für die Architektenleistung vereinbarten Honorar abgegolten.

---

[77]) Vgl OGH ÖBl 1982, 52; WBl 1987, 240.

Entsprechend diesen Grundsätzen ist je nach dem Umfang der im Architektenvertrag vereinbarten Architektenleistungen zu differenzieren:

Ist der Architekt *nur* mit *Vorentwurf* oder *Entwurf* beauftragt, kann daraus *keine Verpflichtung* des Architekten zur Einräumung urheberrechtlicher Nutzungsbefugnisse abgeleitet werden, sofern der Architekt nicht dem Bauherrn die *ausdrückliche* Erlaubnis zur künftigen Verwertung der Pläne durch Ausführung des entworfenen Baues erteilt hat. [78])

Ebensowenig erfordert der Vertragszweck bei Beauftragung des Architekten mit der *Gesamtleistung des § 34 GOA* die Einräumung eines Nachbaurechts an den Bauherrn, weil in diesem Fall der Architekt selbst von dem genannten Nutzungsrecht Gebrauch macht und der Bauherr nach dem Vertragszweck ein *bereits ausgeführtes* Bauwerk erhalten soll.

Wird der Architektenvertrag in diesem Fall vor Fertigstellung des Bauwerkes vorzeitig aufgelöst, wird der Architekt *ohne vertragliche Einräumung* eines Nachbaurechts die Fortführung des Bauwerkes nach seinen Plänen dann zu dulden haben, wenn das Bauwerk schon so weit vollendet ist, daß die „eigenschöpferische" Gestaltung des Architekten bereits verwirklicht ist. Im anderen Fall wird er — zumindest wenn ihn kein Verschulden an der vorzeitigen Vertragsauflösung trifft — die Einräumung eines Nachbaurechts an den Bauherrn von der Bezahlung eines angemessenen Entgelts abhängig machen können[79]) (vgl dazu unten Pkt IV.1.3.3.).

Lediglich im Falle der Beauftragung des Architekten *ausschließlich* mit der *Einreichplanung* wird davon ausgegangen, daß der Architekt zu einer Ausführung seiner Pläne durch den Bauherrn oder einen Dritten *vorweg seine Zustimmung* erteilt hat. Hat in diesem Fall der Bauherr dem Architekten die Zusage gemacht oder in Aussicht gestellt, ihn auch mit den weiteren Teilleistungen zu betrauen, könnte wiederum anzunehmen sein, daß sich der Architekt das Ausführungsrecht vorbehalten wollte. [80])

1.3.2.3. Werknutzungsbewilligung oder Werknutzungsrecht

Wird zwar vertraglich die Einräumung eines Nachbaurechts an den Bauherrn vereinbart, dieses jedoch seinem Umfang nach nicht näher beschrieben, so ist darin *im Zweifel* eine auf den konkreten Vertragszweck beschränkte *Werknutzungsbewilligung* und nicht ein ausschließliches Werknutzungsrecht zu sehen.

Das bedeutet zunächst, daß der Bauherr die Pläne des Architekten zwar für die den Vertragszweck darstellende Bauwerksausführung zu verwenden

---

[78]) Vgl OGH ÖBl 1965, 78.

[79]) Vgl *von Gamm* BauR 2/1982, 112ff.

[80]) Vgl zu allem ausführlich *Beigel,* Das Urheberrecht des Architekten Rz 61ff; *von Gamm,* BauR 2/1982, 110ff; *Locher* aaO Rz 362.

berechtigt ist, *nicht* jedoch für etwaige *Wiederholungs- oder Zusatzbauten,* die vom ursprünglichen Vertragszweck nicht erfaßt waren.[81])

Der Architekt seinerseits ist ohne entsprechenden vertraglichen Ausschluß grundsätzlich nicht an Nachbauten oder der Einräumung entsprechender Nachbaurechte an Dritte gehindert, wobei sich jedoch im Einzelfall wiederum Einschränkungen aus dem Vertragszweck ergeben können, etwa aus der besonderen Gestaltung des Bauwerkes oder aus der räumlichen Nähe des Erstbauwerkes und dessen Nachbau durch den Architekten.[82])

1.3.3. Rechtsfolgen einer Urheberrechtsverletzung bzw einer unbefugten Verwertung des geschützten Architektenwerkes

Zunächst steht dem Architekten gegen jedermann, der sein Urheberrecht bzw die damit verbundenen Verwertungs- und Schutzrechte verletzt, unabhängig vom Verschulden des Verletzers ein *Unterlassungsanspruch* zu (§ 81 UrhG). Ausgenommen davon ist die *unbefugte Änderung von Werken der Baukunst,* deren Unterlassung der Architekt *nicht* begehren kann (§ 83 Abs 3 UrhG; vgl unten Punkt IV.1.4.3.).

Voraussetzung für die Geltendmachung eines Unterlassungsanspruches ist einerseits die, wenn auch noch nicht erfolgte, so doch *drohende Verletzung* eines der dem Architekten vorbehaltenen Rechte, andererseits die nach allgemeinen Grundsätzen geforderte *Wiederholungsgefahr,* deren Vorliegen idR jedoch schon bei einem einmaligen Eingriff vermutet wird.

Der Vollständigkeit halber sei in diesem Zusammenhang das Recht des Urhebers erwähnt, die Beseitigung des durch eine Verletzung seiner Rechte geschaffenen Zustandes, etwa durch Vernichtung vervielfältigter Pläne, zu verlangen (§ 82 UrhG). Die *Beseitigung eines Bauwerkes* kann der Architekt jedoch *nicht* begehren (§ 82 Abs 5 UrhG), auch wenn dessen Ausführung unbefugterweise nach seinen Plänen erfolgte.

Wird das geschützte Werk des Architekten *ohne dessen Einwilligung* in einer dem Urheber vorbehaltenen Art, insbesondere durch Nachbau, *verwertet* — sei es, daß der Bauherr die Pläne des Architekten ohne entsprechende Berechtigung ausführt oder von dritter Seite ausführen läßt, sei es, daß der Bauherr die Pläne unbefugterweise selbst für ein weiteres Bauvorhaben verwendet oder sie für diesen Zweck an einen Dritten weitergibt —, hat der Architekt außerdem Anspruch auf *Bezahlung eines angemessenen Entgelts* gegen denjenigen, der — wenn auch unverschuldet — auf diese Weise in die Verwertungsrechte des Architekten eingreift (§ 86 UrhG).

---

[81]) Vgl OGH WBl 1987, 240.

[82]) Vgl *Locher* aaO Rz 361; *von Gamm,* BauR 2/1982, 116.

Als angemessen ist jenes Entgelt anzusehen, das üblicherweise für eine gleichartige, im *voraus eingeholte* Einwilligung des Urhebers gezahlt wird.[83])

Der Architekt soll auf diesem Weg an jeder über die ursprünglich vereinbarte Verwendung hinausgehenden Nutzung seiner Leistungen wirtschaftlich beteiligt werden.

Der Anspruch auf Bezahlung eines angemessenen Entgelts steht dem Architekten aus diesem Grund auch gegen jeden Dritten zu, der im guten Glauben an seine Berechtigung die Pläne des Architekten unbefugt verwertet.[84])

Liegt dem in das Verwertungsrecht des Architekten Eingreifenden ein *Verschulden* zur Last, kann der Architekt nach seiner Wahl anstelle des angemessenen Entgelts auch *Schadenersatz* begehren, der — abweichend von den Bestimmungen des ABGB — unabhängig vom Grad des Verschuldens *auch den entgangenen Gewinn* umfaßt.[85])

Sofern kein höherer Schaden nachweisbar ist, gebührt dem Urheber das *Doppelte* des als angemessenes Entgelt gem § 86 UrhG zustehenden Betrages (vgl § 87 UrhG).

1.4. Werkschutz und Änderungsverbot

1.4.1. Gesetzliche Regelung

Grundsätzlich hat der Urheber *gegenüber jedermann* den Anspruch, daß sein Werk unverändert in der von ihm geschaffenen Gestaltung bestehen bleibt.

Von diesem absolut wirkenden *Änderungsverbot* sind auch Werknutzungsberechtigte im Rahmen der ihnen eingeräumten Nutzungsbefugnisse erfaßt. Auch ihnen ist es ohne Einwilligung des Urhebers oder besondere gesetzliche Erlaubnis grundsätzlich untersagt, am Werk selbst, an dessen Titel oder Urheberbezeichnung Kürzungen, Zusätze oder andere Änderungen vorzunehmen (§ 21 UrhG).

Als *zulässig* werden vom Gesetz solche Änderungen angesehen, die der Urheber dem zur Benutzung des Werkes Berechtigten nach den im redlichen Verkehr geltenden Gewohnheiten und Gebräuchen nicht untersagen kann, namentlich solche, die durch die *Art* und den *Zweck der erlaubten Werknutzung gefordert* werden.

Es soll jedoch bereits an dieser Stelle darauf verwiesen werden, daß das UrhG dem Urheber eines Werkes der Baukunst kein adäquates Mittel zur

[83]) Vgl OGH SZ 31/23.

[84]) Vgl OGH HdBW V/63; WBl 1987, 240.

[85]) Vgl OGH ÖBl 1965, 78.

Durchsetzung des Änderungsverbotes in die Hand gibt. Während nämlich dem Urheber grundsätzlich sowohl ein Unterlassungs- als auch ein Beseitigungsanspruch gegen denjenigen eingeräumt ist, der dem Änderungsverbot zuwiderhandelt (§§ 81, 82 UrhG), ist der Urheber eines Werkes der Baukunst von diesem Rechtsschutz *ausdrücklich ausgenommen* (§ 83 Abs 3 UrhG; vgl unten Pkt IV.1.4.3.).

1.4.2. Der Schutz des Architektenwerkes

Als Ausfluß des Eigentumsrechtes kommt dem Bauherrn grundsätzlich das Recht zu, mit dem Bauwerk nach seinem Belieben zu verfahren, er ist dem Urheber gegenüber auch nicht zur Erhaltung des Bauwerkes verpflichtet (vgl auch § 22 UrhG).

Abgesehen vom etwaigen aufgrund des Denkmalschutzgesetzes bestehenden öffentlich-rechtlichen Erhaltungspflichten ist der Bauherr als Eigentümer des Bauwerkes befugt, dieses verfallen zu lassen oder sogar selbst zu vernichten, ohne daß der Architekt als Urheber widersprechen könnte.

Anders stellt sich die Situation jedoch bei Änderungen der dem Bauwerk durch seinen Urheber gegebenen Form dar. Derartige Änderungen bedürfen grundsätzlich der *Zustimmung des Architekten;* dem Bauherrn als Werknutzungsberechtigten sind sie nur insoweit gestattet, als sie durch die Art und den Zweck der erlaubten Werknutzung gefordert werden.

Haben Architekt und Bauherr keine vertragliche Regelung des Änderungsrechtes getroffen, sind auch hier im Wege der *Vertragsergänzung* die im redlichen Verkehr geltenden Gewohnheiten und Gebräuche und der Vertragszweck zur Ermittlung des Umfanges eines allfälligen Änderungsrechts des Bauherrn heranzuziehen.

Unter diesem Aspekt werden Änderungen, die durch gesetzliche Vorschriften oder durch die technische und soziale Entwicklung bedingt sind, etwa der Einbau einer Klimaanlage oder eines Aufzuges, die Vergrößerung von Treppenhäusern oder die Anpassung des Bauwerkes an geänderte feuerpolizeiliche Vorschriften, als ohne Einwilligung des Urhebers zulässig anzusehen sein, sofern sie unter größtmöglicher Schonung der Bauwerkssubstanz erfolgen.[86])

Wurde dem Bauherrn vertraglich ein globales Änderungsrecht ohne exakte Beschreibung der zulässigen Änderungen eingeräumt, kann sich der Architekt zumindest *Entstellungen, Verstümmelungen* und *solchen Änderungen* widersetzen, die seine geistigen Interessen am Werk *schwer beeinträchtigen.*

---

[86]) Vgl *Hesse,* Das Urheberrecht des Architekten BauR 4/1971, 209ff; *Locher* aaO Rz 359.

Während als Änderungen sämtliche Eingriffe in den Bestand und die Unversehrtheit des Werkes in seiner konkret geschaffenen Gestaltung zu verstehen sind, kann eine Entstellung oder Verstümmelung des Werkes ebenso in der Form und Art der Werkwiedergabe oder -nutzung, so auch in der Nichtvollendung des Bauwerkes durch den Bauherrn, liegen. [87])

1.4.3. Rechtsfolgen unbefugter Änderung des geschützten Werkes

Dem Architekten, dessen geschütztes Werk unbefugt, dh ohne seine Einwilligung und ohne ausdrückliche gesetzliche Zulassung, geändert wird, wird vom Gesetz *kein Anspruch auf Unterlassung* dieses Eingriffes zugestanden. Er kann die unbefugte Änderung weder verhindern noch verlangen, daß der Bau abgetragen, umgebaut oder ihm als Gegenstand des Eingriffs überlassen werde (§ 83 Abs 3 UrhG).

Der Architekt kann lediglich die Anbringung einer Tafel am Gebäude verlangen, aus der ersichtlich ist, daß die am Bauwerk vorgenommene Änderung, Entstellung oder Verstümmelung *nicht von ihm stammt,* das Bauwerk in der konkret in Erscheinung tretenden Form somit nicht seiner Schöpfung entspricht (sog „*Ausschilderungsanspruch*"). [88])

2. Die Vollmacht des Architekten

Nach § 34 lit g und h GOA obliegt dem Architekten im Rahmen der geschäftlichen und technischen Oberleitung der Bauausführung und der örtlichen Bauaufsicht die *Vertretung des Bauherrn.* Diese Bestimmungen, die lediglich für die Gebührenberechnung Relevanz haben, geben somit zwar einen Hinweis darauf, daß der Architekt mit einer Vollmacht, für den Bauherrn zu handeln, ausgestattet ist, sagen jedoch nichts darüber, in welchem Umfang dieser Vertretungsbefugnis Außenwirkung zukommt.

2.1. Vollmachtsregelung des ABGB

Das ABGB regelt den *Bevollmächtigungsvertrag* in seinen §§ 1002ff und faßt darin den *Auftrag,* also den Vertrag zwischen Auftraggeber und Beauftragtem, in welchem sich letzterer zu einem bestimmten Tätigwerden auf Rechnung des Auftraggebers verpflichtet, und die *Vollmacht* als Befugnis, im Außenverhältnis in fremdem Namen tätig zu werden, zusammen.

---

[87]) Vgl OGH JBl 1958, 180; *Locher* aaO Rz 359.

[88]) OGH JBl 1958, 180; SZ 29/70.

Im Verhältnis zwischen Architekt und Bauherrn wird sich der Umfang der Vollmacht im Zweifel mit dem erteilten Auftrag decken, weil eine Bevollmächtigung zu nicht gewollten Geschäften nicht zu vermuten ist.[89])

Abgesehen davon bestimmt sich der *Umfang der Vollmacht* aus der (allenfalls auslegungsbedürftigen) Bevollmächtigungserklärung oder — bei „stillschweigender" Bevollmächtigung, insbesondere Duldungs- und Anscheinsvollmacht (vgl zB § 1029 ABGB; siehe unten) — nach dem Eindruck, den der Dritte vom Verhalten des „Vollmachtgebers" haben mußte.[90])

Damit die Rechtswirkungen eines vom Bevollmächtigten abgeschlossenen Geschäfts beim Vollmachtgeber eintreten, ist es zwingend erforderlich, daß der Bevollmächtigte in einer dem Dritten erkennbaren Weise im Namen des Vollmachtgebers auftritt (sog *„Offenlegungsgrundsatz"*).[91]) Damit muß grundsätzlich auch die Identität des Vollmachtgebers preisgegeben werden oder dieser für den Dritten aufgrund bestimmter Umstände (zB Hauseigentümer) zumindest bestimmbar sein.[92])

Legt der Architekt nicht offen, daß er in fremdem Namen handelt bzw ergibt sich dieser Wille auch nicht erkennbar aus den Umständen, dann ist von einem *Eigengeschäft* des Architekten auszugehen, dh dieser wird selbst unmittelbar aus dem Vertrag berechtigt und verpflichtet.

Die Offenlegung kann einerseits durch *ausdrückliche Erklärung* erfolgen, andererseits sich *schlüssig aus den Umständen* ergeben. Für die Schlüssigkeit wird in § 863 ABGB gefordert, daß der Wille, *für jemanden anderen* (nicht bloß im Interesse eines anderen, da dieser Zweck auch durch die indirekte Stellvertretung, also Handeln im eigenen Namen für fremde Rechnung, möglich wäre) zu handeln, eindeutig zum Ausdruck kommen muß.[93])

Es ist daher jeweils sorgfältig zu prüfen, wie der Dritte das Auftreten des Handelnden verstehen mußte, wobei auch Personen, die sich bei Vertragsabschluß als Architekt, Hausverwalter uä deklarieren, zwar oft, aber nicht schlechthin als Stellvertreter zu behandeln sind.[94])

Andererseits ist davon auszugehen, daß Architekten in Normalfall als *direkte Stellvertreter* des Bauherrn tätig werden, da für eine Übernahme einer eigenen Verpflichtung des Architekten gegenüber dem Dritten schon besonders gelagerte Umstände vorliegen müßten.[95])

---

[89]) Vgl *Koziol / Welser,* Grundriß des bürgerlichen Rechts[8] I 164.

[90]) Vgl *Koziol/Welser,* ebenda.

[91]) Vgl *Koziol / Welser* aaO 155.

[92]) *Koziol/Welser,* ebenda.

[93]) Vgl *Wilhelm,* Die Architekturvollmacht im Licht der österreichischen Rechtsprechung ZfBR 1983, 9.

[94]) Vgl *Koziol / Welser* aaO 155 f.

[95]) *Wilhelm,* ZfBR 1983, 10.

Im gegebenen Zusammenhang wird uU auch § 1029 2. Satz ABGB einschlägig sein, wonach von demjenigen, der einem anderen eine Verwaltung anvertraut, vermutet wird, daß er ihm auch die Macht eingeräumt habe, all dasjenige zu tun, was die Verwaltung selbst erfordert und was gewöhnlich damit verbunden ist.

Das bedeutet, daß ein Dritter davon ausgehen darf, daß der mit der Vornahme bestimmter Tätigkeiten betraute Architekt Vollmacht für jene Geschäfte hat, die *normalerweise* mit einer *so beschaffenen Geschäftsführung verbunden* sind; zu denen also andere, mit gleicher Gestion betraute Vertreter für gewöhnlich bevollmächtigt sind.[96])

Voraussetzung dafür, daß rechtsgeschäftliches Handeln des Vertreters dem Vertretenen iSd § 1029, 2. Satz ABGB zugerechnet wird, ist einerseits das Bestehen eines äußeren Tatbestandes in Form des *Anvertrauens einer Verwaltung,* wobei es als ausreichend angesehen wird, daß der Vertretene dessen Entstehen nicht verhindert hat, obwohl ihm dies möglich war und er mit dem Entstehen eines derartigen Scheins für andere rechnen mußte, andererseits die Gutgläubigkeit des Dritten in bezug auf die tatsächliche *Erteilung einer entsprechenden Innenvollmacht.* In diesem Zusammenhang wird dem Dritten eine am Maßstab des § 863 ABGB orientierte Prüfungspflicht mit verkehrsüblicher Sorgfalt auferlegt; zu besonderen Nachforschungen ist er jedoch nicht verpflichtet.[97])

2.2. Judikatur zur Architektenvollmacht

2.2.1. Erteilung der Architektenvollmacht

Der OGH schließt in einer Vielzahl von Entscheidungen[98]) bereits aus der Betrauung eines Architekten mit der „Bauführung", für welche der dafür ja nicht unmittelbar kompetente Architekt der Einschaltung Dritter (insb Bauunternehmer) bedürfe, auf das Vorliegen des oben geforderten äußeren Tatbestandes, woraus der Bauunternehmer als gutgläubiger Dritter nach der Verkehrssitte annehmen könne, daß der Architekt auch als Machthaber des Bauherrn auftrete (zum Umfang dieser Vollmacht siehe unten Pkt IV.2.2.2.).

Dies mag zwar in vielen Fällen den in der Praxis herrschenden Gegebenheiten entsprechen, doch wird dabei übersehen, daß für jede *Anscheinsvollmacht,* so auch für jene des § 1029, 2. Satz ABGB, ein dem Dritten erkennbares *Verhalten des Vertretenen* Voraussetzung ist, aus dem ersterer auf eine

---

96) Vgl *Wilhelm,* ZfBR 1983, 58 f.

97) Vgl *Wilhelm,* ebenda.

98) EvBl 1953/136; SZ 36/35; vgl auch HS 5088, 7103.

Übertragung der „Bauführung“ und damit auf eine Bevollmächtigung schließen mußte.[99])

Darüber hinaus ist auch für die Annahme einer Anscheinvollmacht im Sinne des § 1029, 2. Satz ABGB jedenfalls ein *Handeln des Architekten in fremdem Namen* (Offenlegungsgrundsatz; siehe oben Pkt IV.2.1.) erforderlich. Fehlt es daran, so ist, auch wenn dem Bauunternehmer erkennbar war, daß die vom Architekten bestellten Arbeiten für den Bauherrn bestimmt sein sollten und Architekten üblicherweise namens ihrer Auftraggeber abschließen, grundsätzlich von einem Eigengeschäft und nicht von einem Handel in fremdem Namen auszugehen, weil auch ein Tätigwerden als indirekter Stellvertreter, also in eigenem Namen, aber für fremde Rechnung und in fremdem Interesse, in Betracht käme.

2.2.2. Umfang der Vertretungsmacht

Besteht eine detaillierte vertragliche Regelung, in der die vom Architekten vorzunehmenden Vertretungshandlungen einzeln oder in unmißverständlicher Weise summarisch angeführt werden, ergeben sich bei Einordnung bestimmter Vertretungshandlungen unter die erteilte Vollmacht, dh bei der Bestimmung des Vollmachtsumfanges, kaum Probleme. Diese entstehen jedoch insbesondere dann, wenn entweder eine Beschreibung des Vollmachtsumfanges in genereller, wiederum auslegungsbedürftiger Weise erfolgt oder sich die Vollmacht des Architekten lediglich auf den dem Dritten erkennbaren Tatbestand des „Anvertrauens einer Verwaltung“ iSd § 1029, 2. Satz ABGB gründet.

Was den Umfang der „Verwaltervollmacht“ (§ 1029, 2. Satz ABGB) des Architekten anbelangt, so beschränkt ihn der OGH auf den Abschluß der *einschlägigen Rechtsgeschäfte*[100]) oder auf den Abschluß der zur Herstellung des projektierten Bauwerkes *notwendigen* Werkverträge mit den Bauhandwerkern[101]), ohne aber näher darauf einzugehen, welche Vertretungshandlungen nun tatsächlich „notwendig“ oder „einschlägig“ für die Herstellung des Bauwerkes sind oder zumindest, welche es nicht sind.

Diese relativ extensive Auslegung des OGH bringt für den Bauherrn die Notwendigkeit mit sich, *interne Beschränkungen* der Architektenvollmacht (zB keine Anerkennung von Professionistenforderungen; siehe im folgenden) dem *Dritten* (zB Bauunternehmer) *zugänglich* zu machen, wenn verhindert werden soll, daß der Architekt den Bauherrn gegen dessen Willen rechtsgeschäftlich verpflichtet.

---

[99]) *Wilhelm,* ZfBR 1983, 59.

[100]) HS 5088.

[101]) HS 7103; EvBl 1953/136 — dazu *Wilhelm,* ZfBR 1983, 59.

Zur Auslegung generell gehaltener Vollmachtsregelungen ist die Entscheidung des OGH vom 28. 6. 1983[102]) zu beachten, in der ausgesprochen wurde, daß von einer vertraglichen Vollmachtsregelung des Inhaltes, daß „in Ansehung des Baues nur die mit dem Architekten getroffenen Vereinbarungen bzw. Anordnungen rechtsgültig“ seien, jedenfalls alle Angelegenheiten des Baues umfaßt würden. Darunter sei die Entscheidung, ob bei Vorliegen von Mängeln eine Mängelbehebung durch den Bauunternehmer oder aber Preisminderung begehrt werde, ebenso zu verstehen wie die rechtsgeschäftliche Anerkennung der aufgrund der ursprünglich getroffenen Vereinbarung unter Berücksichtigung vorhandener Mängel und allfälliger Fristüberschreitungen bestehenden Zahlungspflicht des Bauherrn.

Abgesehen von einer derart umfassenden vertraglichen Bevollmächtigung des Architekten wird jedoch bei bloßer Anscheinsvollmacht in Anlehnung an die Judikatur des BGH[103]) eher davon auszugehen sein, daß eine Anerkennung von Werklohnforderungen *nicht* von der normalen Architektenvollmacht umfaßt ist. Nach dem BGH ist der Architekt zwar zur Erteilung von Weisungen, zur Rüge von Mängeln und zur Abnahme geleisteter Arbeiten, nicht jedoch zur Anerkennung von Schlußrechnungen bevollmächtigt.[104])

2.3. Zusammenfassung

Zusammenfassend läßt sich sagen, daß die österreichische Judikatur davon ausgeht, daß der Bauherr, der den Architekten mit der „Bauführung“ beauftragt hat, ihn auch zu seiner Vertretung in Bauangelegenheiten bevollmächtigt hat, sofern nicht Umstände vorliegen, die Gegenteiliges vermuten lassen. Der Umfang dieser Vertretungsmacht wird mangels ausdrücklicher Regelung im Architektenvertrag eher großzügig in Richtung einer umfassenden Vollmacht zur Vertretung in den mit der *Errichtung des Bauwerkes zusammenhängenden Angelegenheiten* bestimmt.

Für den Abschluß eines Architektenvertrages empfiehlt sich daher die möglichst exakte Formulierung jener Angelegenheiten, in denen eine Vertretung des Bauherrn durch den Architekten erfolgen soll. Diesbezüglich empfiehlt sich auch die negative Umschreibung jener Angelegenheiten, in denen der Bauherr jedenfalls keine Vertretung wünscht. Darüber hinaus ist — wovon die Praxis allerdings kaum Gebrauch macht — uU die Ausstellung einer eigenen Vollmachtsurkunde ratsam, welche dem Architekten zwecks Vorlage ausgehändigt wird.

---

[102]) OGH HdBW V/66.

[103]) Vgl BGH NJW 1960, 859.

[104]) Vgl *Locher* aaO Rz 323.

3. Der Entgeltanspruch des Architekten

3.1. Entgeltlichkeitsvermutung

Es kommt in der Praxis nicht selten vor, daß die Parteien eines Architektenvertrages über Art und Höhe der Vergütung der Architektenleistungen letztlich überhaupt keine rechtswirksame Vereinbarung schließen. Dies kann vor allem dann der Fall sein, wenn der beteiligte Architekt der Ansicht ist, es „gelte" ohnehin die GOA oder wenn er erst nach (mündlichem) Vertragsabschluß erstmals gegenüber seinem Auftraggeber auf die GOA „verweist" oder wenn zwar bei Vertragsabschluß von den „Ansätzen der GOA" die Rede war, der Auftraggeber aber die — von der Rechtsprechung zur vertraglichen Einbeziehung Allgemeiner Geschäftsbedingungen geforderte — Möglichkeit der Kenntnisnahme nicht besaß.

In all diesen Fällen stellt sich die Frage, was hinsichtlich des Entgeltanspruches des Architekten zu gelten hat.

§ *1152 ABGB,* der nicht nur für Dienst- und Geschäftsbesorgungsverträge, sondern auch für Werkverträge Anwendung findet [105]), bestimmt, daß dann, wenn im Vertrag kein Entgelt bestimmt und auch nicht Unentgeltlichkeit vereinbart wurde, ein *angemessenes Entgelt* als *bedungen gilt.* Es kann davon ausgegangen werden, daß jemand, der mit einem Architekten, der zwar nicht Kaufmann iSd HGB oder Gewerbetreibender iSd GewO, wohl aber selbständiger Unternehmer (vgl § 1 KSchG) ist, einen Vertrag abschließt, nicht darauf vertrauen darf, daß die geschuldeten Leistungen unentgeltlich erbracht werden.

Was die Ermittlung der Höhe des „angemessenen Entgelts" anbelangt, so zeigt sich gerade bei Fehlen einer konkreten Entgeltabrede der „Wert" der GOA (wie auch der sonstigen Tarife, Honorarrichtlinien etc diverser Standesvertretungen der freien Berufe). Die in der *GOA enthaltenen Ansätze* werden nämlich als *Richtschnur* für die Bestimmung des angemessenen Entgelts iSd § 1152 ABGB herangezogen. [106])

3.2. Berechnung des Entgelts gemäß GOA

Eine gesamte Darstellung des in §§ 25 ff GOA enthaltenen detaillierten Systems zur Berechnung des Architektenhonorars muß an dieser Stelle aus

[105]) Vgl *Krejci* in *Rummel,* ABGB² I Rz 1 zu § 1152.

[106]) OGH EvBl 1977/204; HdBW V/20; *Krejci* in *Rummel,* ABGB² I Rz 26 zu § 1152.

Platzgründen unterbleiben; die rein zahlenmäßige Berechnung wirft überdies kaum juristische Probleme auf.

Eingegangen werden soll aber auf einige ausgewählte Fragen der Ermittlung des dem Architekten gebührenden Entgelts, welche sich dann ergeben, wenn einfach pauschal *„die GOA"* vereinbart wird.

3.2.1. Ausbauverhältnis und Herstellungskosten

Zentrale Bedeutung für die Berechnung des Architektenhonorars kommt dem sog „Ausbauverhältnis" zu, worunter das Verhältnis der Kosten der Ausbauarbeiten zur Kostensumme der Rohbau- und Ausbauarbeiten verstanden wird (vgl § 29 GOA). Das Honorar wird in einer Art Koordinatensystem durch das *Ausbauverhältnis* und die *Herstellungskosten,* zu denen neben den Roh- und Ausbauarbeiten auch die allgemeinen Bauarbeiten (für Baustelleneinrichtung, Abbrucharbeiten, Aufschließungsarbeiten, udg) gehören, in der Weise bestimmt, daß sich als Honorar ein bestimmter Prozentsatz der (Netto-)Herstellungskosten ergibt.

Unter den *Netto-Herstellungskosten* sind sämtliche Kosten (ohne USt) zu verstehen, die zur Fertigstellung des Werkes vom Bauträger aufzuwenden sind, abzüglich der Kosten des Grunderwerbes sowie der Gebühren (samt USt und Nebenkosten) der Ziviltechniker und sonstigen Sonderfachleute. Die Herstellungskosten werden vom Architekten *geschätzt,* aufgrund von *Kostenvoranschlägen errechnet* oder aufgrund von *Schlußrechnungen festgelegt* (§ 30 GOA; zur Haftung des Architekten bei unrichtiger Schätzung der Herstellungskosten vgl unten Pkt V.3.2.3.2.).

Das *Ausbauverhältnis* wird gemäß § 31 GOA vom Architekten nach den Grundsätzen des § 30 GOA „sinngemäß berechnet oder festgestellt. Zur Vereinfachung der Abrechnung ist es zulässig, *einvernehmlich* das Ausbauverhältnis *bei Vertragsabschluß* unter Beachtung der in § 31 GOA enthaltenen Zuordnungen festzulegen". Diese Aufstellung sieht dergestalt aus, daß bestimmten Typen von Bauten (zB Bauwerken einfachster Art, wie Einfriedungen, Stützmauern udg oder zB Wiederherstellungsarbeiten, Ausbau von Wohnungen, Geschäftsportalen, Fassadenumbauten etc) ein bestimmtes, starres Ausbauverhältnis zugeordnet wird, wobei die Skala von 0/100 (für Bauwerke einfachster Art) bis 100/100 (für Umbauarbeiten in Gebäuden aller Art und Innenraumgestaltung) reicht.

Aus der oben wiedergegebenen Regelung in § 31 GOA ergibt sich, daß die pauschalen Sätze nur bei einer diesbezüglichen Vereinbarung zum Tragen kommen; ein bloß *allgemeiner Verweis* im Architektenvertrag auf die *Geltung der GOA genügt nicht,* sondern führt dazu, daß das Ausbauverhältnis konkret als Quotient aus Kosten der Ausbauarbeiten und Summe von Kosten der Ausbau- und der Rohbauarbeiten zu ermitteln ist.

3.2.2. Entgelt bei außergewöhnlichen oder langwierigen Leistungen

§ 41 GOA bestimmt: „Leistungen von unverhältnismäßig langer Dauer oder wenn sie ein besonderes Maß an Kenntnissen und Erfahrung bedingen, insbesondere bei Koordinierungstätigkeiten und Management, werden in der Regel eine entsprechend höhere Gebühr erfordern."

Dieser Bestimmung, der in der Praxis, insbesondere von seiten der Architekten, allzugern große Bedeutung beigemessen wird, mangelt es jedoch weitgehend an einer eigenständigen normativen Wirkung. Es ergibt sich schon aus der überaus vagen Textierung („. . . werden . . . in der Regel . . . erfordern"), daß der Architekt aus § 41 GOA alleine jedenfalls *keinen unmittelbaren Anspruch auf eine höhere Gebühr,* dh zB auf einen Zuschlag zu den sich nach den oben (Pkt IV.3.2.1.) dargestellten Regeln ergebenden Ansätzen, ableiten kann.

Grundsätzlich ist vielmehr davon auszugehen, daß den Architekten das Risiko einer falschen Einschätzung des mit der Übernahme des Auftrages verbundenen Aufwandes selbst trifft. Einem vorherzusehenden höheren Aufwand muß von seiner Seite durch vertragliche Vereinbarung eines entsprechend höheren Honorars Rechnung getragen werden.[107])

Allerdings hat der Architekt keineswegs das alleinige Risiko eines höheren als des vorhergesehenen Aufwandes zu tragen. Gemäß § 1168 Abs 1, 2. Satz ABGB gebührt dem Werkunternehmer (Architekten) eine „angemessene Entschädigung", wenn er durch auf der Seite des Bestellers (Bauherrn) liegende Umstände durch „Zeitverlust bei der Ausführung des Werkes verkürzt" wurde.

§ 1168 Abs 1, 2. Satz ABGB erfaßt dabei nicht bloß zeitliche Verzögerungen des Werkes, sondern *auch* den durch *Erschwernisse bedingten erhöhten Arbeitseinsatz* und damit Aufwand des Werkunternehmers.[108])

Als Umstände auf seiten des Bestellers, dh in concreto des Bauherrn, kommen die verschiedensten Ereignisse in Betracht, welche vom Bauherrn selbstverständlich *nicht verschuldet* sein müssen. Darunter fällt zB das (vorübergehende) Fehlen der für eine zügige Bauausführung erforderlichen Mittel bzw ein zeitweiliger Finanzierungsstop von dritter Seite (ist das Fehlen der erforderlichen Geldmittel endgültig, greift § 1168 Abs 1, 1. Satz ABGB ein); weiters die Verzögerung bei der Erlangung erforderlicher Bewilligungen (zB Baubewilligung), sofern nicht der Architekt das Risiko der Nichterlangung vertraglich auf sich genommen hat[109]); weiters Bauverzögerungen

[107]) Vgl auch § 2 Abs 4.2. AT, welcher insb bei Leistungen, die „über den normalen Rahmen der Tätigkeit hinausgehen", die Möglichkeit der Vereinbarung höherer Gebühren vorsieht.

[108]) Vgl *Krejci* in *Rummel,* $ABGB^2$ I Rz 24f zu § 1168.

[109]) OGH SZ 47/149; *Krejci* in *Rummel,* $ABGB^2$ Rz 11 zu § 1168 mwN.

aufgrund politischer Widerstände (zB Umweltschutzaspekte) udg. Umstände auf seiten des Bauherrn liegen grundsätzlich auch dann vor, wenn der vom Bauherrn beauftragte Bauunternehmer oder sonstige Professionist Fehlhandlungen setzt und damit die Bauausführung verzögert, sofern nicht dem Architekten — etwa durch Übersehen im Rahmen der örtlichen Bauaufsicht — diesbezüglich ein Verschulden anzulasten ist.[110])

Was die Berechnung der „angemessenen Entschädigung" in § 1168 Abs 1, 2. Satz ABGB anbelangt, so ist primär die im *Vertrag getroffene Honorarvereinbarung* zugrunde zu legen, dh eine Art „Aufschlag" vorzunehmen. Ersparnisse sind gemäß § 1168 Abs 1, 1. Satz ABGB einzurechnen, wenn der Architekt zB während des faktischen Stillstandes des Projektes andere Aufträge ausführen konnte.[111])

Das Problem bei der Ermittlung der „angemessenen Entschädigung" kann im Bereich der Architektenverträge darin liegen, daß ein für die Entgeltbestimmung maßgebender *Zeitfaktor*[112]) überhaupt fehlt, sodaß nicht klar ersichtlich ist, von welcher Dauer der Leistungserbringung bzw welchem Aufwand die Vertragspartner bei Vertragsabschluß ausgingen. Im Zweifel muß in solchen Fällen darauf zurückgegriffen werden, was für die Durchführung eines derartigen Projektes bei ordnungsgemäßer Abwicklung *verkehrsüblich* ist.

3.3. Fälligkeit des Entgelts und Verjährung

Es wurde bereits dargelegt, daß die vom Architekten üblicherweise geschuldeten Leistungen Gegenstand eines Werk-, teilweise auch eines Bevollmächtigungsvertrages sind und daß auch Elemente eines freien Dienstvertrages gegeben sein können (zB bei der örtlichen Bauaufsicht).

Zumindest insoweit, als der Architekt im Rahmen eines Werkvertrages tätig wird, trifft ihn eine gesetzliche Vorleistungspflicht, weil sein Entgelt (Werklohn) erst „nach vollendetem Werk zu entrichten" ist (§ 1170, 1. Satz ABGB).

Diese Regel schafft insbesondere dann Probleme, wenn ein Architekt mit der Vollarchitektur, also Planung, Oberleitung der Bauausführung und örtlicher Bauaufsicht, betraut wird, weil sich die gesamte Leistungserbringung bei durchaus geordnetem Ablauf der Dinge über Jahre erstrecken kann und der Architekt somit bei Entlohnung gemäß § 1170, 1. Satz ABGB eine gewaltige *Vorfinanzierungslast* trägt.

---

[110]) Vgl OGH SZ 28/121; *Krejci* in *Rummel,* ABGB^2 I Rz 7 zu § 1168.

[111]) Vgl *Krejci* in *Rummel,* ABGB^2 I Rz 28 ff zu § 1168.

[112]) Vgl *Krejci,* ebenda.

Zu prüfen ist jedoch, ob nicht die Bestimmung des § 1170, 2. Satz ABGB zur Anwendung gelangen könnte, wonach der Werkunternehmer (Architekt) dann, wenn das Werk in „gewissen Abteilungen“ verrichtet wird, befugt ist, einen „verhältnismäßigen Teil des Entgelts“ schon *vor* Vollendung des Werkes zu fordern.

So könnte im Falle der Erbringung der vollständigen Büroleistung sowie der Durchführung der örtlichen Bauaufsicht von einer Erbringung des Architektenwerkes „in gewissen Abteilungen“ und damit auch ohne diesbezügliche vertragliche Regelung von einem Anspruch auf Zwischenabrechnung der im Rahmen der Büroleistung durchgeführten Tätigkeiten auszugehen sein. Um jedoch etwaige Meinungsdifferenzen zwischen Architekt und Bauherrn bezüglich der gesonderten Verrechnung einzelner Teilleistungen zu vermeiden, sollte die Berechtigung des Architekten, *zeit- oder leistungsbezogene Teilrechnungen* zu legen, insb bei langfristigen Großprojekten ausdrücklich vertraglich verankert werden. Alleine durch die vertragliche Vereinbarung der GOA, die in § 10 Abs 3 AT die Anforderung möglichst leistungskonformer Teilzahlungen durch den Architekten vorsieht, kann uE, wie bereits behandelt (vgl oben Pkt II.7.2.), kein Recht des Architekten zur Legung von Teilrechnungen begründet werden.

Die *Verjährung des Honoraranspruches* beginnt nach allgemeinen Regeln mit Fälligstellung des Honorars, dh *Rechnungslegung*, und beträgt gemäß § 1486 Z 1 ABGB *3 Jahre.* [113]) Wird die Rechnungslegung vom Architekten nicht oder nur mit ungebührlicher Verzögerung vorgenommen, so beginnt die Verjährung mit dem Zeitpunkt, in dem die Rechnungslegung objektiv möglich gewesen wäre, dh nach Ablauf einer für die Rechnungserstellung angemessenen Frist nach Vollendung der vertraglich zu erbringenden Leistungen. [114]) Dies erfordert insbesondere die Prüfung sämtlicher Professionistenrechnungen, da erst auf deren Grundlage die tatsächlichen Herstellungskosten als Basis für die Schlußrechnung des Architekten ermittelt werden können.

---

[113]) MietSlg XXXI/36; vgl auch *Schubert* in *Rummel,* ABGB II Rz 12 zu § 1486, der die Architekten, Zivilingenieure und Ingenieurkonsulenten außerdem unter § 1486 Z 6 ABGB subsumiert.

[114]) OGH SZ 38/44; EvBl 1971/119, 1981/157; *Schubert* in *Rummel,* ABGB II Rz 5 zu § 1486.

V. Leistungsstörungen

1. Die Gefahrtragung des Architekten

1.1. Allgemeine Bemerkungen

Es ereignen sich immer wieder Fälle, in denen die Erfüllung eines gültig abgeschlossenen Vertrages durch Umstände gestört wird, die keiner der Vertragspartner verschuldet bzw sonst zu vertreten hat, etwa weil die Leistungserbringung durch den Schuldner *unmöglich* wird oder dieser *ohne sein Verschulden* damit *in Verzug* gerät.

Kommt es zu derartigen Leistungsstörungen, so interessiert natürlich die Frage, welcher der Vertragspartner die *Preisgefahr,* dh das Risiko für den Verlust des Entgelts, trägt.

Nach allgemeinen Grundsätzen hebt das vom Schuldner *nicht zu vertretende* Unmöglichwerden der Leistung seine Verbindlichkeit aus dem Vertrag auf (§ 1447 ABGB), der Gläubiger verliert seinen Anspruch auf Erfüllung. Dem Schuldner seinerseits steht in diesem Fall kein Anspruch auf Zahlung des vereinbarten Entgelts zu, er trägt somit die Preisgefahr. Allgemein läßt sich sagen, daß die Preisgefahr immer derjenige trägt, dessen Leistung zufällig unmöglich wird. [115])

Gerät der Schuldner mit der Leistungserbringung unverschuldet in Verzug, kann der Gläubiger entweder weiterhin auf Erfüllung bestehen oder unter Setzung einer angemessenen Nachfrist vom Vertrag zurücktreten (§ 918 ABGB). Darüber hinaus hat der Schuldner für die Dauer des Verzugs weiterhin die Preisgefahr zu tragen, während diese ansonsten ab dem Zeitpunkt der vereinbarten Übergabe den Gläubiger trifft. [116])

1.2. Die Regelung des § 1168 ABGB

Für den Bereich des Werkvertragsrechts ordnet das Gesetz in § 1168 ABGB eine besondere Verteilung des Risikos für das Unterbleiben der Werkausführung an, die sich an der Herkunft des für das Unterbleiben ursächlichen Hindernisses orientiert (sog „Sphärentheorie“). Danach gebührt dem Werkunternehmer auch bei Unterbleiben der Ausführung des Werkes das vereinbarte Entgelt, wenn er *zur Leistung bereit* war und durch Umstände, die der *Sphäre des Werkbestellers* zuzurechnen sind, daran gehindert worden ist. Den Werkbesteller muß also kein Verschulden an der Beein-

[115]) Vgl *Koziol / Welser* aaO 224.

[116]) *Koziol/Welser* aaO 228.

trächtigung der Herstellung des Werkes treffen, er trägt auch das Risiko für Zufälle, die sich in seiner Sphäre ereignen.

Liegen die die Ausführung vereitelnden Umstände demgegenüber in der *Sphäre des Werkunternehmers* oder sind sie weder der Sphäre des Bestellers noch jener des Unternehmers zuzurechnen, so verliert letzterer seinen Entgeltanspruch. [117])

Die Gefahr für den *Untergang des bereits hergestellten Werkes* trägt nach allgemeinen Grundsätzen bis zum Zeitpunkt der vereinbarten Übergabe der Werkunternehmer, danach der Besteller. Ist der Unternehmer mit der Werkausführung, wenn auch unverschuldet, in Verzug, so liegt die Preisgefahr für die Dauer des Verzugs weiterhin bei ihm.

1.3. Die Warnpflicht des Werkunternehmers

Eine Modifizierung der eben skizzierten Risikoverteilung wird in § 1168a ABGB mit der dem Werkunternehmer auferlegten Warnpflicht geschaffen. Der Werkunternehmer ist nach dieser Bestimmung verpflichtet, den Werkbesteller bei *offenbarer Untauglichkeit* des von diesem *beigestellten Stoffes* oder bei *offenbarer Unrichtigkeit* der ihm vom Werkbesteller *erteilten Anweisungen* zu warnen, widrigenfalls er für den aus der Unterlassung der Warnung resultierenden Schaden verantwortlich wird. Darüber hinaus verliert der Werkunternehmer nach einhelliger Lehre und Judikatur seinen Werklohnanspruch. [118])

Die Warnpflicht ist eine *werkvertragliche Interessenwahrungspflicht* des Werkunternehmers, bei deren Erfüllung dem Werkbesteller keine Schadenersatzansprüche gegen den Werkunternehmer wegen des Mißlingens des Werkes zustehen. Ebenso entfallen Gewährleistungsansprüche des Bestellers, wenn der Mangel (nicht nur das „Mißlingen") des Werkes auf einen untauglichen Stoff oder eine unrichtige Anweisung des Werkbestellers zurückzuführen und der Werkunternehmer seiner Warnpflicht nachgekommen ist. [119])

Die schadensersatzrechtliche Haftung des Werkunternehmers wegen Verletzung der Warnpflicht setzt selbstverständlich ein *schuldhaftes Verhalten* des Werkunternehmers voraus. Dieses wird gegeben sein, wenn der Werkunternehmer die Untauglichkeit des beigestellten Stoffes bzw die Unrichtigkeit der erteilten Anweisung bei Anwendung der von ihm als Fachmann (Sachverständiger gemäß § 1299 ABGB) zu erwartenden Sorgfalt hätte erkennen müssen.

---

[117]) Vgl *Koziol / Welser* aaO 337.

[118]) Vgl *Iro,* Die Warnpflicht des Werkunternehmers ÖJZ 1983, 505 mwN.

[119]) Vgl *Kurschel,* Die Gewährleistung beim Werkvertrag 18; OGH SZ 54/128.

1.3.1. Voraussetzungen im einzelnen

Unter dem Begriff „Stoff" iSd 1168a ABGB ist all das zu verstehen, woraus, woran oder mit dessen Hilfe das Werk zu vollbringen ist. Dazu zählen auch *Vorarbeiten* anderer Unternehmer, auf denen der Werkunternehmer bei Herstellung seines Werkes aufbauen muß. [120])

Von einer „Anweisung" des Werkbestellers ist zu sprechen, wenn dem Werkunternehmer vom Werkbesteller nicht bloß das herzustellende Werk und sein Verwendungszweck, sondern auch die *Art der Herstellung* konkret und verbindlich vorgeschrieben werden. [121])

Um eine Warnpflicht des Werkunternehmers auszulösen, muß die Untauglichkeit des vom Werkbesteller beigestellten Stoffes bzw die Unrichtigkeit der von ihm erteilten Anweisung „offenbar" sein, dh die Stoffuntauglichkeit bzw die Unrichtigkeit der Anweisung hätte dem Werkunternehmer bei Anwendung der ihm zumutbaren Sorgfalt und Fachkenntnis auffallen müssen. Das Wort „offenbar" darf nicht zu der Annahme verleiten, daß der Sorgfaltsmaßstab des Werkunternehmers hinsichtlich der Beachtung der Warnpflicht gegenüber dem sonst geltenden Maßstab herabgesetzt wäre. Es gilt vielmehr der durch § 1299 ABGB festgelegte objektive, für Fachleute einer bestimmten Berufsgruppe ermittelte Maßstab. Für Berufsgruppen, die mit ihren Leistungen üblicherweise auf Vorarbeiten anderer Unternehmer aufbauen oder mit fremd hergestellten Materialien arbeiten, kann sich somit auch die Notwendigkeit von Kenntnissen über die für die eigene Leistung bedeutsame Beschaffenheit derartiger Fremdleistungen ergeben.

Den Werkunternehmer trifft zwar hinsichtlich der Tauglichkeit des Stoffes bzw der Richtigkeit der Anweisung eine *Untersuchungs- und Prüfungspflicht,* zur Vornahme besonderer, nicht üblicher Prüfungen und Untersuchungen ist er jedoch mangels anderslautender vertraglicher Vereinbarung nicht gehalten. [122])

1.3.2. Warnpflicht gegenüber einem sachkundigen oder sachverständig beratenen Besteller

Die Warnpflicht des Werkunternehmers besteht grundsätzlich *auch* gegenüber einem sachkundigen oder sachverständig beratenen Besteller. Eine andere Beurteilung könnte sich nur ergeben, wenn der Werkunternehmer bei gehöriger Aufmerksamkeit davon ausgehen konnte, daß dem Werkbesteller oder seinem Berater die Probleme und Gefahren im Zusammenhang mit dem ausgewählten Stoff bzw der erteilten Anweisung *bekannt* waren.

---

[120]) *Iro* aaO 506.

[121]) OGH JBl 1987, 44.

[122]) Vgl *Iro* aaO 507; OGH JBl 1987, 662.

Für eine derartige Annahme müßten jedoch besondere Umstände vorliegen. Im allgemeinen wird den Werkbesteller in einem derart gelagerten Fall zwar möglicherweise keine Prüfungspflicht treffen, er wird jedoch, wenn die Gefahrenquelle offenkundig ist, verpflichtet sein, sich durch entsprechende Rückfrage beim Werkbesteller bzw seinem Berater zu vergewissern, daß diesem die möglichen nachteiligen Auswirkungen seines Beitrages auf das Werk bewußt sind. [123])

Verletzt der Werkunternehmer die ihm gegenüber einem sachkundigen bzw sachverständig beratenen Werkbesteller obliegende Warnpflicht, kann er seinerseits die Nachlässigkeit des Werkbestellers im Zusammenhang mit der Auswahl des Stoffes bzw der Erteilung der Anweisung als *Mitverschulden* einwenden, wobei die Nachlässigkeit eines sachverständigen Beraters, dessen sich der Werkbesteller zur Erfüllung der ihm gegenüber dem Werkunternehmer obliegenden Mitwirkungspflichten bedient, dem Werkbesteller als dessen (Mit-)Verschulden zuzurechnen ist. [124])

1.3.3. Die Warnpflicht des Architekten

Den Architekten treffen dem Bauherrn gegenüber zumeist vielfältige Warn- und Aufklärungspflichten, die sich einerseits aus dem überwiegend werkvertraglichen Charakter, andererseits aber auch aus den bevollmächtigungsvertraglichen Elementen des Architektenvertrages, insbesondere der Interessenwahrungs- und der Treuepflicht, ergeben.

Im folgenden sollen einige Bereiche, in denen der werkvertraglichen Warnpflicht des Architekten besondere Bedeutung zukommt, skizziert werden. Der Architekt erbringt seine Leistungen nämlich oftmals *unter Mitwirkung des Bauherrn,* der das Grundstück zur Verfügung stellt, dem Architekten Gutachten und Berechnungen über die technischen Daten der Liegenschaft übergibt oder Vorgaben hinsichtlich Bauweise, Gestaltungsform oder Material des zu planenden Bauwerks erteilt. In derartigen Fällen kann fraglich sein, wer das Risiko eines Mißlingens des Architcktenwerkes aufgrund der Mitwirkung des Bauherrn zu tragen hat.

1.3.3.1. Baugrundrisiko

Im Bereich des Architektenvertrages sind die vom Bauherrn beigestellte Liegenschaft oder das bestehende Gebäude, an denen der Architekt seine Tätigkeiten entfalten soll, rechtlich als *Stoffe iSd § 1168a ABGB* zu qualifizieren.

---

[123]) Vgl *Iro* aaO 511 f; OGH SV 4a/1984, 22f; JBl 1985, 622ff.

[124]) OGH JBl 1987, 44f; JBl 1985, 622ff; JBl 1984, 556ff; zum Mitverschulden des Werkbestellers bei Pflichtenverletzung durch den beauftragten Architekten vgl unten Pkt V.3.3.1.1.

Ist das Grundstück bzw das Gebäude für die vom Bauherrn beabsichtigten Gestaltungen ungeeignet oder sind diese mit besonderen Gefahren verbunden, so ist dieses *Baugrundrisiko* nach allgemeinen Regeln grundsätzlich der *Sphäre des Bauherrn* zuzurechnen. Der Bauherr ist also auch im Falle des Mißlingens des Werkes zur Bezahlung des vereinbarten Honorars verpflichtet.

Abweichendes ergibt sich jedoch, wenn die ungeeigneten Bodenverhältnisse und die damit verbundenen Gefahren für die Werkerstellung für den Architekten *offenbar* waren, dh wenn der Architekt dies bei Anwendung der von ihm erwarteten Fachkenntnisse und der bei ihm vorausgesetzten Sorgfalt erkennen konnte. In diesem Fall trifft ihn eine Warnpflicht, deren Verletzung Schadenersatzpflichten gegenüber dem Bauherrn auslöst. [125])

Da der Bauherr in der Regel das mit ungeeigneten Bodenverhältnissen zusammenhängende Risiko weder beurteilen kann noch übernehmen will, wird er dem Architekten in der Praxis zumeist ein *Bodengutachten* eines Sachverständigen zur Verfügung stellen. Ein derartiges Gutachten ist als *Anweisung iSd § 1168a ABGB* zu beurteilen, sodaß auch darauf die Regeln über die Warnpflicht des Architekten Anwendung finden. Der Architekt ist also auch hinsichtlich des Bodengutachtens zu jenen Untersuchungen und Prüfungen verpflichtet, die ihm als Fachmann möglich und die weder besonders umfangreich noch technisch schwierig oder unverhältnismäßig kostenintensiv sind. [126])

In diesem Zusammenhang stellt sich die Frage nach *Form und Intensität der Warnpflicht* des Architekten. Ganz allgemein muß die Warnung sowohl Ursache als auch Gewißheitsgrad des zu erwartenden Mißerfolges, sofern dieser nach dem Fachwissen des Architekten erkennbar ist, enthalten. Davon umfaßt ist auch die Verpflichtung des Architekten, auf die *Beiziehung von Sonderfachleuten und/oder eines Sachverständigen* zu dringen, sofern der Architekt aufgrund eigener Fachkenntnis nicht in der Lage ist, eine abschließende Beurteilung der Tauglichkeit des vom Bauherrn beigestellten Stoffes abzugeben. Besteht der Architekt bei Vorliegen von Zweifeln nicht auf der Beauftragung von Sonderfachleuten, dann kann dies eine Haftung des Architekten zB für unzureichende Fundamente, eine Durchfeuchtung des Bauwerkes infolge eindringenden Grundwassers udg begründen. [127])

Erst wenn der Bauherr trotz intensiver und eindringlicher Warnung und Aufklärung durch den Architekten über die mit der Nichtvornahme der erforderlichen Untersuchungen verbundene Gefahr bedeutender Vermögens-

---

[125]) OGH NRsp 1988/325.

[126]) Vgl OGH WBl 1987, 219f; WBl 1988, 98f; *Krejci,* Die bauvertragliche Pflicht zur Baugrundrisikotragung WBl 1988, 427.

[127]) Vgl *Bindhardt/Jagenburg* aaO § 6 Rz 6ff.

nachteile auf der Verwendung des von ihm beigestellten Stoffes beharrt, kann ein Übergang des Risikos für das Mißlingen des Werkes vom Architekten auf den Bauherrn angenommen werden. [128])

1.3.3.2. Neue Methoden und Werkstoffe

Wird zwischen dem Bauherrn und dem Architekten die Anwendung neuer Konstruktionsmethoden oder die Verwendung neuer Baustoffe vereinbart, können die damit verbundenen Risken nicht einfach der Sphäre des Werkbestellers zugerechnet werden. Die *Einwilligung des Bauherrn* zur Verwendung neuer Baustoffe oder Anwendung neuer Methoden entlastet den Architekten nämlich nur, wenn er den Bauherrn über die damit verbundenen *Risken erschöpfend aufgeklärt* hat. Ohne derartige Aufklärung hat der Architekt das Risiko des Fehlschlagens des Werkes zu tragen. [129])

Kann jedoch der Architekt aufgrund der Angaben eines *sachverständigen Dritten* von der Brauchbarkeit und Tauglichkeit der neuen Werkstoffe, hinsichtlich derer eine eigene Sachkenntnis des Architekten nicht mehr erwartet werden, ausgehen, mangelt es an dem für die Annahme einer Warnpflichtverletzung erforderlichen Verschulden des Architekten. Hier muß als ausreichend angesehen werden, daß der Architekt alles ihm nach den Umständen Zumutbare unternimmt, um zu klären, ob das in Aussicht genommene Material die für ein Gelingen des Werkes erforderlichen Eigenschaften besitzt. [130])

1.3.3.3. (Nicht-)Erteilung der Baubewilligung

Wird die Erteilung der für die Bauausführung erforderlichen Baubewilligung von der Baubehörde nach Ausarbeitung der Einreichpläne und Vorlage derselben durch den Architekten verweigert, stellt sich die Frage, ob und inwieweit der Honoraranspruch des Architekten erhalten bleibt.

In diesem Zusammenhang ist je nach den Gründen für die Nichterteilung der Baubewilligung zu unterscheiden:

Ist die Ursache für die Nichterteilung in *Mängeln der Planung* zu suchen, etwa in Verstößen gegen baubehördliche Vorschriften, dann wird der Architekt schadenersatzpflichtig, weil die Einhaltung der einschlägigen Vorschriften von ihm erwartet werden muß. Hat der Architekt sogar vertraglich die Erteilung als „Erfolg" im werkvertraglichen Sinn zugesagt, dann löst die Nichterteilung überdies Erfüllungsansprüche des Bauherrn aus. Der Bauherr kann dann auf Erfüllung bestehen und bei Verschulden Schadenersatz

---

[128]) Vgl *Iro* aaO 507 f; OGH SV 4 a/1984, 32.

[129]) OGH SV 4 a/1984, 19 f; WBl 1987, 120 f.

[130]) Vgl BGH ZfBR 1976, 66 ff.

wegen Nichterfüllung begehren; er kann aber auch gemäß § 918 ABGB vom Vertrag zurücktreten und eine allenfalls geleistete Anzahlung zurückfordern.

Anders ist das Problem zu beurteilen, wenn die Nichterteilung der Baubewilligung auf eine gänzliche oder teilweise *Untauglichkeit* des vom *Bauherrn beigestellten Grundstückes* oder bestimmter von *ihm erteilter Anweisungen* zurückzuführen ist. Der Architekt behält in diesem Fall seinen — gegebenenfalls um ersparte Aufwendungen verminderten — Entgeltanspruch, wenn ihn kein Verschulden trifft. [131]) Unter dieser Voraussetzung wird es der Sphäre des Bauherrn zugerechnet, wenn er die für die Ausführung des Bauvorhabens erforderliche Baubewilligung nicht erhält.

Ein *Verschulden des Architekten* wird jedoch immer dann anzunehmen sein, wenn er, obwohl er bei Anwendung der von ihm erwarteten Sorgfalt mit einer problemlosen Erteilung der Baubewilligung nicht rechnen konnte, den Bauherrn darüber nicht aufgeklärt hat, er also der ihm obliegenden Warnpflicht nicht nachgekommen ist. [132])

2. Die Gewährleistung des Architekten

2.1. Vorbemerkungen

Unter Gewährleistung wird nach hA das *verschuldensunabhängige Einstehenmüssen* des Schuldners für Sach- und Rechtsmängel, welche die Leistung im Zeitpunkt ihrer Erbringung aufweist, verstanden. [133])

Voraussetzung für eine Anwendung der in §§ 922ff ABGB normierten Gewährleistungsvorschriften ist, daß jemand eine *Sache* im weiteren Sinn, also auch ein Werk, einem anderen *entgeltlich* überläßt. Keine Anwendung finden aber nach hA, der grundsätzlich zuzustimmen ist, die Gewährleistungsvorschriften auf Verträge, in denen sich jemand zu bloßen Handlungen für einen anderen verpflichtet, wie dies etwa bei Dienst- oder Bevollmächtigungsverträgen der Fall ist. [134])

Für den Werkvertrag sieht das Gesetz in § 1167 ABGB gewährleistungsrechtliche Sonderregelungen unter subsidiärer Aufrechterhaltung der §§ 922ff ABGB vor.

---

[131]) Vgl OGH HdBW V/90.

[132]) Vgl OGH HdBW V/13.

[133]) *Koziol / Welser* aaO 240.

[134]) So *Gschnitzer* in *Klang*[2] IV/1, 501: *Firlei,* Ein langsamer Arbeitnehmer, DRdA 1979, 228; differenzierend *Reischauer* in *Rummel,* ABGB[2] I Rz 2 zu §§ 922, 923.

Von der Geltung der Gewährleistungsnormen für Werkverträge ausgehend, stellt sich die Frage, inwieweit diese auf Architektenverträge, die ja auch Elemente eines Bevollmächtigungsvertrages beinhalten, Anwendung finden. Unter Bezugnahme auf die Ausführungen zur Rechtsnatur der Architektenleistungen (vgl oben Pkt III.2.2.) kann zunächst gesagt werden, daß der Architekt für Mängel der erbrachten Planungsleistungen Gewähr im Sinne der §§ 1167, 922ff ABGB zu leisten hat, da der geschuldete Erfolg die *Übergabe eines mangelfreien Planwerkes* voraussetzt. [135])

Die Anwendung der Gewährleistungsnormen auf jene Tätigkeitsbereiche des Architekten, die bevollmächtigungsvertraglichen Charakter aufweisen, wie insbesondere die *Überwachungspflichten* im Rahmen der örtlichen Bauaufsicht, könnte demgegenüber mit der Begründung abgelehnt werden, daß der Architekt diesbezüglich keine „gewährleistungsfähigen" Handlungen schulde.

Da jedoch die hL und Rsp sowohl in Ö als auch insb in der BRD zunehmend den werkvertraglichen Charakter des Architektenvertrages auch im Bereich der örtlichen Bauaufsicht betonen, verwundert es nicht, daß gegen eine Anwendung der Gewährleistungsnormen auch auf diese Tätigkeitsbereiche keine gravierenden Bedenken erhoben werden.

So sprach etwa der OGH in MietSlg 38.091 aus, daß der Architekt auch dann, wenn er vorwiegend die Verrichtung von Vertretungshandlungen und die Überwachung des Bauprojektes bis zur schlüsselfertigen Übergabe übernommen habe und daher als Bevollmächtigter (der Wohnungseigentümer) auftrete, für bestimmte Mängel einzustehen habe, die zB auf einer Vernachlässigung seiner Pflichten bei der Überwachung der bauausführenden Unternehmer beruhten. Freilich erscheint nicht ganz klar, ob der OGH, welcher in der genannten Entscheidung von „Mängeln" und „Mängelbehebung" spricht, tatsächlich die Anwendung der Gewährleistungsnormen meint, weil diese ja gerade ein Verschulden (des Architekten) nicht voraussetzen, wohingegen der OGH von einer „Vernachlässigung" der Pflichten des Architekten ausgeht.

Die grundsätzliche Anwendung der Gewährleistungsregeln auch auf nicht so „werkvertragsnahe" Pflichten des Architekten, wie zB die örtliche Bauaufsicht, kann auch damit begründet werden, daß Gewährleistungsrecht beim Auftrag (Bevollmächtigungsvertrag) oder bei auftragsähnlichen Verbindlichkeiten dann Anwendung findet, wenn der Beauftragte einen Erfolg schuldet. [136]) Die Verpflichtungen des Architekten im Zusammenhang mit der örtlichen Bauaufsicht und mit der Oberleitung der Bauausführung sind

---

[135]) Vgl OGH SZ 49/60.

[136]) *Reischauer* in *Rummel,* ABGB^2 I Rz 2 zu §§ 922, 923.

aber, da sie auf das *Entstehen eines mangelfreien Bauwerkes* abzielen, eindeutig *erfolgsbezogen* und damit grundsätzlich „gewährleistungsfähig".

Allerdings schuldet der Architekt nicht die Herstellung eines mangelfreien Bauwerkes als solches, sodaß es uE nicht angeht, im Vorliegen eines Bauwerksmangels schlechthin oder zumindest a priori einen Mangel in der Erbringung der Architektenleistung zu erblicken. [137])

Auch in der BRD wird zwar auf die theoretisch scharfe Trennung zwischen Architektenwerk und Bauwerk hingewiesen [138]), in der praktischen Anwendung wird dies insb von der Rsp des BGH jedoch nicht immer konsequent durchgehalten und der Architekt bei Bauwerksmängeln häufig quasi wie ein Bauunternehmer behandelt. [139])

2.2. Die „Abnahme" des Architektenwerkes

Der Begriff „Abnahme" entstammt dem Baubereich und ist juristisch der „Annahme als Erfüllung" gleichzusetzen.

An den Zeitpunkt der Annahme ist insb die Konsequenz geknüpft, daß dem Werkbesteller *vor* der Annahme *Erfüllungsansprüche,* die dreißig Jahre lang geltend gemacht werden können, offenstehen, während er *nach* der Annahme der Leistung auf *Gewährleistungsansprüche,* die binnen 6 Monaten bei beweglichen bzw 3 Jahren bei unbeweglichen Sachen (vgl unten Pkt V.2.5.) verfristen, beschränkt ist. Probleme können sich bei der Ermittlung der *Annahme als Erfüllung* ergeben, wenn die zu erbringende Leistung keine körperliche Übergabe erlaubt. [140])

Im Zusammenhang mit der Gewährleistung beim Architektenvertrag ist daher zu prüfen, ob bzw in welcher Form und in welchem Zeitpunkt von einer Annahme der Architektenleistungen als Erfüllung („Abnahme") gesprochen werden kann.

Die vom Architekten zu erbringenden Leistungen sind teils körperlich wahrnehmbar, etwa Pläne, Modelle udg, teils gehen sie unmittelbar in das zu errichtende Bauwerk ein, so die gesamte Beratungs- und Koordinierungstätigkeit des Architekten. Da der Architekt *nicht* das *körperliche Bauwerk*

---

[137]) Vgl SZ 44/20 = EvBl 1971/263, wo der OGH den Architekten ohne nähere Hinterfragung für die mangelhafte Ausführung einer Terrasse wie einen Bauunternehmer nach Gewährleistungsrecht haften ließ, obwohl es sich nach Lage der Dinge wohl eher um einen Schadenersatzanspruch des Bauherrn handelte.

[138]) Vgl zB *Locher* aaO Rz 236.

[139]) Vgl *Schmalzl,* Die Gewährleistungsansprüche des Bauherrn gegen den Architekten, NJW 1967, 11.

[140]) Vgl *Kurschel,* Gewährleistung 137 f.

als solches, sondern dessen plangerechtes und mangelfreies *Entstehenlassen* schuldet[141]) und somit der geistige Charakter des Architektenwerkes im Vordergrund steht, schneidet eine Abnahme des Architektenwerkes durch körperliche Übergabe aus. Denkbar wäre jedoch eine (ausdrückliche oder konkludente) Erklärung des Bauherrn, das Architektenwerk als Erfüllung anzunehmen; letztere könnte etwa in der vorbehaltslosen Zahlung des restlichen Architektenhonorars nach vollständiger Erbringung der übernommenen Architektenleistungen erblickt werden.[142])

Hinsichtlich des *Zeitpunktes der Abnahme* des Architektenwerkes ist grundsätzlich die Vollendung der übernommenen Architektenleistungen erforderlich. Ist der Architekt mit der *Vollarchitektur* beauftragt, dann erfolgt die Abnahme des Architektenwerkes und damit der Beginn der Gewährleistungsfristen für sämtliche Architektenleistungen idR erst *nach Beendigung der örtlichen Bauaufsicht,* dh nach Fertigstellung und Abnahme des Bauwerkes und Prüfung der Schlußrechnungen der Professionisten.

Eine andere Beurteilung könnte sich nur ergeben, wenn die Architektenleistungen als *teilabnahmefähig* anzusehen wären. Diese Betrachtungsweise würde naheliegen, wenn der Architektenvertrag nicht als einheitlicher Vertrag, sondern als sog „Vertragsverbindung“, dh als Zusammenfassung zweier (oder mehrerer) selbständiger Verträge in einer Vertragsabsprache[143]) anzusehen wäre, was jedoch jedenfalls eine entsprechende vertragliche Vereinbarung erfordern würde. Die über die Planungsleistungen, die Oberleitung der Bauausführung oder die örtliche Bauaufsicht abgeschlossenen Einzelverträge wären dann auch hinsichtlich der Abnahme der geschuldeten Leistungen und des Laufes der Gewährleistungsfristen getrennt zu beurteilen.

Liegt demgegenüber, wie dies der Regelfall sein wird, ein *„einheitlicher“ Architektenvertrag* vor, könnte die Annahme einer Teilabnahme der vertraglich geschuldeten Architektenleistungen allenfalls darauf gestützt werden, daß es sich bei diesen um *teilbare Leistungen* iSd §§ 918 Abs 2, 920, 2. Satz ABGB handle. Wesentliche Voraussetzung für die Teilbarkeit von Leistungen im Sinne der genannten Gesetzesbestimmungen ist, daß beide Partner den Vertrag auch über den in Frage stehenden Teil der Leistungen geschlossen hätten.[144]) Hiezu ist zu bemerken, daß es zwar bei Beauftragung des Architekten mit der Vollarchitektur durchaus denkbar ist, daß sowohl Bauherr als auch Architekt den Vertrag ebenso nur über bestimmte Teilleistungen geschlossen hätten; ohne weiteres wird dies jedoch nicht zu vermu-

141) Vgl *Bindhardt / Jagenburg* aaO § 2 Rz 63 f.

142) Vgl *Bindhardt/Jagenburg* aaO § 3 Rz 28 ff, 45.

143) *Gschnitzer* in *Klang*^{2} IV/1, 17.

144) Vgl *Kurschel,* Gewährleistung 57.

ten sein. Vor allem dem Bauherrn wird es nämlich idR darauf ankommen, daß der Architekt nicht nur die Planung eines Bauvorhabens übernimmt, sondern in weiterer Folge auch dessen plangerechte Ausführung überwacht.

Zusammenfassend kann festgehalten werden, daß Leistungen im Rahmen eines Architektenvertrages ohne besondere vertragliche Vereinbarung und ohne das Hinzutreten besonderer Umstände uE nicht als teilabnahmefähig anzusehen sind. Die Abnahme des Architektenwerkes findet daher grundsätzlich erst *nach vollständiger Erbringung* sämtlicher vertraglich zugesagter Leistungen statt.

2.3. Vorliegen eines Mangels

Grundsätzlich läßt sich sagen, daß ein Mangel immer dann vorliegt, wenn die gelieferte Leistung von der vertraglich geschuldeten abweicht.

§ 922 ABGB bestimmt, daß derjenige, der eine Sache entgeltlich jemandem anderen überläßt, Gewähr dafür leistet, daß sie die *ausdrücklich bedungenen* oder *gewöhnlich vorausgesetzten* Eigenschaften hat und der Natur des Geschäftes oder der getroffenen Vereinbarung gemäß genützt und verwendet werden kann.

Läßt sich anhand des Vertrages — zB infolge Verwendung mehrdeutiger Begriffe — nicht feststellen, ob die erbrachte Leistung der geschuldeten entspricht, so ist zunächst die Absicht der Parteien, mangels Klarheit in weiterer Folge die Übung des redlichen Verkehrs maßgebend. [145])

Entspricht die Sache oder das Werk den durch § 922 ABGB gestellten Anforderungen nicht, so ist sie/es mangelhaft, wobei einerseits zwischen wesentlichen und unwesentlichen sowie andererseits zwischen behebbaren und unbehebbaren Mängeln zu unterscheiden ist:

Wesentlich ist ein Mangel, wenn er entweder den ordentlichen oder den vertraglich festgelegten Gebrauch verhindert.

Fehlt eine zugesicherte Eigenschaft, stellt dies dann einen wesentlichen Mangel dar, wenn das Vorhandensein der Eigenschaft von ausschlaggebender Bedeutung für den Vertragsabschluß war. [146])

Alle anderen Mängel sind unwesentlich.

Von einem *unbehebbaren Mangel* ist zu sprechen, wenn seine Beseitigung entweder unmöglich ist oder nur mit unverhältnismäßigem Aufwand

[145]) Vgl *Kurschel,* Gewährleistung 15 f.

[146]) *Koziol / Welser* aaO 243; abweichend *Reischauer* in *Rummel,* ABGB^2 I Rz 2 zu § 932.

möglich wäre[147]), wobei der OGH das Erfordernis eines unverhältnismäßigen Aufwandes annimmt, wenn der Vorteil, den die Beseitigung des Mangels dem Gläubiger gewährt, in Relation zu dem für die Beseitigung erforderlichen Aufwand so gering ist, daß Vorteil und Aufwand in einem *offensichtlichen Mißverhältnis* stehen.[148])

Die Unterscheidung in wesentliche bzw unwesentliche Mängel einerseits und behebbare bzw unbehebbare Mängel andererseits ist von Einfluß auf die Rechtsfolgen, die das Vorhandensein eines Mangels nach sich zieht.

2.4. Die Gewährleistungsbehelfe

Für den Bereich des Werkvertrages enthält § 1167 ABGB Abweichungen gegenüber den allgemeinen Vorschriften des § 932 ABGB, was die Rechte des Bestellers bei Mangelhaftigkeit des Werkes anbelangt.

2.4.1. Wandlung

Unter Wandlung ist die *Aufhebung des Vertrages* mit schuldrechtlicher ex tunc-Wirkung zu verstehen, die eine Rückstellung sämtlicher aufgrund des Vertrages erbrachten bzw empfangenen Leistungen nach bereicherungsrechtlichen Grundsätzen bewirkt.

Das Werkvertragsrecht knüpft das Recht auf Wandlung nur an das Vorliegen eines wesentlichen Mangels (vgl oben Pkt V.2.3.). Im Gegensatz zu den allgemeinen Gewährleistungsnormen der §§ 922ff ABGB wird nicht gefordert, daß der Mangel unbehebbar ist. Die hA schränkt jedoch das Wandlungsrecht auf *wesentliche Mängel*, die *nicht leicht behebbar* sind, die sich also überhaupt nicht oder nur mit erheblichem Aufwand beseitigen lassen, ein.[149])

Auch im Bereich des Architektenvertrages kommt der Frage Bedeutung zu, was zu geschehen hat, wenn eine *Rückstellung des Geleisteten* der Natur der Sache oder den Umständen des Einzelfalles nach *nicht möglich* ist, etwa weil die mit einem wesentlichen Mangel behaftete Planung des Architekten bereits in ein — ebenso mangelhaftes — Bauwerk Eingang gefunden hat. In diesem Fall scheidet eine Rückgewähr der erbrachten Architektenleistungen aus. Obwohl dem Auftraggeber, der ein mangelfreies Bauwerk wünscht, mit der Wandlung des Architektenvertrages, die ja nur das geistige Architektenwerk und nicht das Bauwerk betreffen kann, in den meisten Fällen kaum ge-

---

[147]) Vgl *Reischauer* in *Rummel,* ABGB^2 I Rz 1 zu § 932.

[148]) Vgl OGH SZ 55/29.

[149]) Vgl *Koziol / Welser* aaO 375 mwH.

dient sein wird, ist die Wandlung auch bei Unmöglichkeit der Rückstellung der empfangenen Leistung nicht ausgeschlossen. Der Leistungsempfänger hat in diesen Fällen grundsätzlich einen dem unter Berücksichtigung des Mangels dennoch *verschafften Nutzen angemessenen Geldbetrag* zu bezahlen.[150])

Soweit die Pläne des Architekten noch nicht in einem Bauwerk verwirklicht wurden, stößt eine Rückabwicklung, also Rückzahlung des erhaltenen Honorars gegen Rückgabe der mangelhaften Pläne, auf keine Schwierigkeiten.

Die aufgezeigten Grundsätze werden auch dann zur Anwendung kommen, wenn der Architekt lediglich mit der örtlichen Bauaufsicht oder der Oberleitung der Bauausführung beauftragt ist, weil dann nach richtiger Ansicht zwar ein Bevollmächtigungsvertrag vorliegt (vgl oben Pkt III.2.2.3.), aber wegen der Erfolgsbezogenheit der vom Architekten geschuldeten Tätigkeit die Gewährleistungsnormen im Prinzip Anwendung finden (vgl oben Pkt V.2.1.).

2.4.2. Verbesserung

2.4.2.1. Grundsätzliche Bemerkungen

Eine Verbesserung des Werkes durch den Werkunternehmer kommt bei allen *behebbaren Mängeln* in Betracht (vgl oben Pkt V.2.3.). Gemäß § 1167 ABGB muß der Werkbesteller den Werkunternehmer zur Mängelbehebung auffordern und ihm dafür eine angemessene Frist setzen mit der Erklärung, daß er nach ihrem Ablauf die Verbesserung ablehne. Die Länge der als angemessen zu bezeichnenden Frist bestimmt sich sowohl nach dem für die Verbesserung an sich erforderlichen Zeitaufwand als auch nach ihrer Dringlichkeit für den Besteller. Hat sich der Besteller einmal für die Verbesserung entschieden, so kann er davon grundsätzlich nicht mehr einseitig abgehen und etwa Preisminderung oder Wandlung begehren.[151])

Kommt der Werkunternehmer seiner Verbesserungsverpflichtung jedoch innerhalb der ihm gesetzten Frist nicht nach, hat der Werkbesteller eine Wahlmöglichkeit.

Er kann einerseits weiterhin *auf Verbesserung bestehen*, wobei er dies dem Werkunternehmer bei Fristablauf ohne Verzug anzuzeigen und ihm eine zweite angemessene Frist zu setzen hat; andererseits kann er gemäß den allgemeinen Verzugsregeln der §§ 918ff ABGB *vom Vertrag zurücktreten.*

---

[150]) Vgl § 1431 ABGB; *Kurschel,* Gewährleistung 47; *Koziol/Welser* aaO 233, 244f.

[151]) *Kurschel,* Gewährleistung 58f.

Zu beachten ist, daß auch der Vertragsrücktritt innerhalb der Gewährleistungsfristen geltend gemacht werden muß[152]) (zu den Gewährleistungsfristen vgl unten Pkt V.2.5.).

Hat der Werkunternehmer den Verzug mit der Verbesserung *verschuldet*, wobei ihm bei objektiv vertragswidrigem Verhalten nach § 1298 ABGB der Beweis mangelnden Verschuldens obliegt[153]), so kann der Werkbesteller neben dem Rücktritt vom Vertrag auch Schadenersatz wegen Nichterfüllung (§ 921 ABGB), insbesondere den für die Vornahme der Verbesserung (durch Dritte) nötigen Aufwand, fordern.

Dafür ist nicht Voraussetzung, daß der Besteller die Verbesserung bereits vorgenommen hat; eine Pflicht zur Vorfinanzierung trifft den Besteller (Bauherrn) nicht.[154])

Kürzlich entschied ein verstärkter Senat des OGH[155]), daß bei vom Werkunternehmer verschuldeten Mängeln der Werkbesteller das Erfüllungsinteresse auch noch nach Ablauf der Gewährleistungsfrist verlangen könne, solange die Verjährungsfrist für Schadenersatzansprüche noch offen sei (vgl dazu unten Pkt V.3.1.2.).

Dies bedeutet auch, daß der Besteller nunmehr bei Vorliegen eines vom Werkunternehmer verschuldeten Mangels gleich den Verbesserungsaufwand („Deckungskapital") einklagen kann, ohne dem Werkunternehmer eine Frist für die Verbesserung setzen zu müssen. Die Grenze wird allenfalls durch die Schadensminderungspflicht des Bestellers gezogen.[156])

2.4.2.2. Verbesserung und Architektenwerk

Die praktische Durchsetzbarkeit eines Verbesserungsanspruches ist, ebenso wie die eines Wandlungsanspruches, solange problemlos, solange die Fehlleistung des Architekten *noch nicht im Bauwerk* ihren Niederschlag gefunden hat.

Ist zB infolge mangelhafter Pläne oder mangelhafter Pflichterfüllung des Architekten im Rahmen der örtlichen Bauaufsicht bereits ein mangelhaftes Bauwerk entstanden, stellt sich einerseits die Frage, ob das geistige Architektenwerk in dieser Phase noch einer Verbesserung zugänglich ist, und andererseits, ob der Architekt in irgendeiner Form zur Verbesserung der Bauwerksmängel verpflichtet ist. Da diese Problematik von der österreichi-

---

[152]) *Koziol / Welser* aaO 245.

[153]) OGH SZ 55/29 mwN.

[154]) OGH EvBl 1981/59; SZ 49/66; SZ 55/29.

[155]) OGH RdW 1990, 153 = ecolex 1990, 279 ff.

[156]) *Kurschel,* Schadenersatz statt Gewährleistung, ecolex 1990, 277.

schen Judikatur und Lehre bisher kaum behandelt wurde, empfiehlt sich die Heranziehung der in Deutschland zum Institut der Nachbesserung bzw Mängelbeseitigung entwickelten Grundsätze.

Der BGH vertritt die Auffassung, daß eine Nachbesserungspflicht des Architekten und ein korrespondierender Anspruch des Bauherrn nach Fertigstellung des fehlerhaften Bauwerkes nicht mehr angenommen werden könne, da der Architekt *nicht das Bauwerk als körperliche Sache* schulde und eine Nachbesserung in bezug auf Planungs- und / oder Aufsichtsfehler des Architekten objektiv unmöglich sei. Sobald das Bauwerk fehlerhaft errichtet worden sei, könne durch bloße Änderung des fehlerhaften Planes nichts mehr gewonnen und auch die mangelnde Bauaufsicht nicht mehr nachgeholt werden. [157])

Diese Auffassung stößt in der Lehre allerdings insofern auf Kritik, als vielfach die Meinung vertreten wird, daß dann, wenn Baumängel durch ungenügende Erfüllung der Architektenaufgaben verursacht wurden, der Architekt sehr wohl verpflichtet sei, planerisch und bauüberwachend im Wege der Nachbesserung des Architektenwerkes zur Mängelbeseitigung beizutragen, etwa durch Änderungen oder Ergänzungen der Pläne oder durch Überwachung der Reparatur- und Ausbesserungsarbeiten der Bauhandwerker. Der Architekt sei demgemäß verpflichtet, die *geistigen Voraussetzungen* für die *körperliche Beseitigung der Bauwerksmängel* zu schaffen. [158])

Davon *streng zu unterscheiden* ist die Frage nach einer Pflicht bzw einem Recht des Architekten zur *Nachbesserung des körperlichen Bauwerkes.*

Da der Architekt, wie bereits mehrmals betont, das Architektenwerk als geistige Leistung und nicht das körperliche Bauwerk schuldet, wird eine Verpflichtung des Architekten, Mängel des Bauwerkes in natura zu verbessern, von der deutschen Lehre einhellig abgelehnt. Der Bauherr sei hinsichtlich dieser Mängel auf Schadenersatzansprüche zu verweisen. [159])

Unabhängig davon könnte der Architekt jedoch ein Interesse an der Eigenvornahme der Nachbesserung auch hinsichtlich Bauwerksmängeln haben, etwa weil er durch seine Fachkenntnisse und Verbindungen unter Umständen einen erheblich höheren Schadenersatzanspruch des Bauherrn abwenden könnte.

Der BGH gesteht dem Architekten ein derartiges „Nachbesserungsrecht“ hinsichtlich der Bauwerksmängel bei Fehlen einer besonderen ver-

---

[157]) Vgl *Bindhardt / Jagenburg* aaO § 4 Rz 31; *Soergel* in MünchKomm BGB^2 III/1 Rz 133 ff zu § 633.

[158]) Vgl *Locher* aaO Rz 237; *Soergel* in MünchKomm BGB^2 III/1 Rz 135 zu § 633; *Bindhardt / Jagenburg* aaO § 4 Rz 32.

[159]) *Bindhardt / Jagenburg* aaO § 4 Rz 47; *Locher* aaO Rz 238.

traglichen Regelung nur in Ausnahmefällen aufgrund einer den Bauherrn treffenden Schadensminderungspflicht zu.[160])

Auch für das *österreichische Recht* hat zu gelten, daß der Architekt dem Schadenersatzanspruch des Bauherrn grundsätzlich entgegenhalten kann, letzterer habe nicht alle Möglichkeiten einer wirtschaftlichen Schadensbeseitigung genützt und der Aufwand wäre bei Einschaltung des Architekten geringer ausgefallen. Dieser Einwand wäre bloß dann versagt, wenn eine Behebung durch den Architekten „untunlich"[161]) erschiene — etwa weil der vom Architekten zu vertretende Mangel derart schwerwiegend ist, daß dem Bauherrn eine weitere Befassung des Architekten mit der Angelegenheit nicht zugemutet werden kann.

Aus der Sicht des Architekten empfiehlt sich angesichts dieser etwas unsicheren Rechtslage die vertragliche Aufnahme einer Regelung, wonach der Architekt im Falle seiner Inanspruchnahme wegen Bauwerksmängeln verlangen kann, *selbst* mit der *Beseitigung der Schäden* betraut zu werden.

Durch eine solche Vertragsklausel würde sich zumindest die Beweissituation des Architekten erheblich verbessern. Betraut der Bauherr nämlich, obwohl dies zumutbar wäre, den Architekten trotz vertraglicher Vereinbarung nicht mit der Mängelbeseitigung, so hätte der Bauherr zu beweisen, daß seine Schadensbehebung genauso günstig wie jene des Architekten ist (§ 1298 ABGB).

2.4.2.3. Das Zurückbehaltungsrecht

Der Vollständigkeit halber sei im Zusammenhang mit der Verbesserung das dem Werkbesteller gemäß § 1052 ABGB zustehende Recht erwähnt, der Werklohnforderung des Werkunternehmers die Einrede des nicht oder nicht gehörig erfüllten Vertrages entgegenzuhalten. Der Werkbesteller ist, um Druck auf den Werkunternehmer auszuüben, berechtigt, bis zur erfolgten Verbesserung den *gesamten Werklohn* zurückzubehalten.[162])

Nach der Judikatur findet dieses Leistungsverweigerungsrecht des Werkbestellers dort seine Grenze, wo *Rechtsmißbrauch* vorliegt; wo also zwischen dem Interesse des Bestellers und dem durch die Zurückbehaltung beeinträchtigten Interesse des Werkunternehmers ein krasses Mißverhältnis besteht (sog Schikaneverbot).[163]) Das *Schikaneverbot* als einzige Grenze des

---

[160]) Vgl *Locher* aaO Rz 239; *Bindhardt / Jagenburg* aaO § 4 Rz 48 ff.

[161]) Vgl § 1323, 1. Satz ABGB; *Reischauer* in *Rummel,* ABGB II Rz 9 zu § 1323.

[162]) Vgl OGH EvBl 1981/40, 1987/49; SZ 56/106; WBl 1987, 37; WBl 1988, 376 ua; ablehnend *Koziol,* Die Grenzen des Zurückbehaltungsrechts bei nicht gehöriger Erfüllung, ÖJZ 1985, 737.

[163]) Vgl OGH WBl 1987, 37.

Zurückbehaltungsrechtes soll *auch* dann Gültigkeit haben, wenn zwischen den Vertragspartnern die *Leistung von Abschlagszahlungen* vereinbart wurde. Bei Vorliegen von Mängeln, deren Behebung vom Werkbesteller verlangt werde, sei das Leistungsverweigerungsrecht nicht auf die betreffende Abschlagszahlung beschränkt, sondern könne auch *alle weiteren* Abschlagszahlungen erfassen.[164])

Das bedeutet, daß der Bauherr grundsätzlich auch im Falle der Vereinbarung von Teilzahlungen berechtigt ist, bei Vorliegen von Mängeln innerhalb einer Teilleistung des Architekten das gesamte vereinbarte Honorar zurückzubehalten.

Da dem Gewährleistungsbehelf der Verbesserung im Bereich des Architektenvertrages jedoch — im Gegensatz zum Bauvertrag — infolge fehlender Verbesserungsmöglichkeiten des Architektenwerkes zumeist nur untergeordnete Bedeutung zukommt, wird der Bauherr dem Entgeltanspruch des Architekten nur in seltenen Fällen die Einrede des nicht erfüllten Vertrages entgegengehalten, sondern wesentlich häufiger eine Aufrechnung mit Gegenforderungen, etwa Schadenersatzansprüchen (vgl unten Pkt V.3.1.) oder Bereicherungsansprüchen infolge Wandlung (vgl oben Pkt V.2.4.1.) vornehmen.

2.4.3. Preisminderung

Dem Werkbesteller steht gemäß § 1167 ABGB bei jeder Art von Mängeln das Recht auf Preisminderung, dh entsprechende Herabsetzung des Werklohnes, zu.

In diesem Zusammenhang ist jedoch zu betonen, daß der Minderungsanspruch der Höhe nach nicht einfach den tatsächlich vom Werkbesteller aufgewendeten Verbesserungskosten gleichgesetzt werden kann. Ist der tatsächliche Verbesserungsaufwand höher als jener Betrag, den der Werkbesteller als Preisminderung in Abzug bringen kann, muß er den übersteigenden Teil als Schadenersatz nach den dafür geltenden Vorschriften begehren.[165])

Die Berechnung der Preisminderung ist nach der *relativen Berechnungsmethode* vorzunehmen, deren Ziel die Aufrechterhaltung der bei Vertragsabschluß vereinbarten *Relation von Leistung und Gegenleistung* ist. Der vereinbarte Werklohn soll sich zum geminderten Werklohn so wie der objektive Wert des mangelfreien Werkes zu jenem des mangelhaften Werkes verhalten.[166])

---

[164]) Vgl OGH EvBl 1981/40; HdBW V/50.

[165]) Vgl OGH SZ 49/125; *Kurschel,* Gewährleistung 91.

[166]) *Koziol / Welser* aaO 246; *Kurschel,* Gewährleistung 90f.

Die Minderung des Architektenhonorars ist somit anhand der Wertrelation zwischen mangelfreiem und mangelhaftem Architektenwerk zu ermitteln. [167])

Bemerkt sei, daß die praktische Anwendung dieser Berechnungsmethode gerade beim Werkvertrag bisweilen auf Schwierigkeiten stößt, da für die Ermittlung des objektiven Wertes des mangelfreien Werkes — anders als beim Kaufvertrag — häufig keine Markt- oder Börsenpreise zur Verfügung stehen. Noch problematischer gestaltet sich die Wertermittlung des mangelhaften Werkes, welche zumeist nur durch Einholung eines Sachverständigengutachtens möglich sein wird. [168])

Der Preisminderungsanspruch verhilft dem Bauherrn im Gegensatz zur Verbesserung nicht zu einem mangelfreien Bauwerk, sondern berührt lediglich die Höhe des Honoraranspruches des Architekten.

In diesem Zusammenhang ist darauf hinzuweisen, daß nach der in der BRD hA die unvollständige Erbringung einzelner Tätigkeiten im Rahmen der in Auftrag gegebenen Teilleistungen für sich allein den Bauherrn nicht zu einer Minderung des Architektenhonorars berechtigt, sondern nur dann nachteilige Folgen nach sich zieht, wenn es aufgrund der unvollständigen Leistungserbringung zu Mängeln am Bauwerk gekommen ist. [169])

Zu denken ist in diesem Zusammenhang etwa an den *objektiv unzureichenden Baustellenbesuch* durch den Architekten im Rahmen der örtlichen Bauaufsicht. Hat die — gemessen am Sorgfaltsmaßstab des § 1299 ABGB — mangelhafte Leistung des Architekten zu keinem Schaden am Bauwerk bzw zu keinem Verzögerungsschaden etc, dh zu überhaupt keinem Nachteil für den Bauherrn geführt, so wird in der BRD ein Preisminderungsanspruch gegenüber dem Architekten überwiegend verneint. Dieser hat dann eben „Glück" gehabt.

Obwohl diese Konsequenz etwas unbillig anmuten mag, ist der hA in der BRD uE zu folgen.

Der — für die Berechnung der Preisminderung notwendigerweise zu ermittelnde — Wert der Leistung des Architekten für den Bauherrn bestimmt sich — und dies gilt für die örtliche Bauaufsicht vielleicht in besonderem Maße — allein danach, ob das vom Architekten „betreute" Bauwerk *ordnungsgemäß entsteht*. Ist dies der Fall, so repräsentiert eine objektiv ungenügende, weil mit zu geringer Präsenz des Architekten verbundene örtliche Bauaufsicht für den Bauherrn keinen geringeren Wert als eine sorgfältig durchgeführte Bauaufsicht, mag erstere auch für den Architekten mit ge-

---

[167]) Vgl *Soergel* in MünchKomm BGB^2 III/1 Rz 47 zu § 634.

[168]) Vgl *Kurschel,* Gewährleistung 91 ff; so auch BGH NJW 1972, 821.

[169]) Vgl *Bindhardt / Jagenburg* aaO § 4 Rz 42.

ringerem Aufwand verbunden gewesen sein. Nach der zur Ermittlung des Preisminderungsanspruches anzuwendenden relativen Berechnungsmethode (vgl oben) ergäbe sich daher eine Minderung von Null.

Die — auch hier deutliche — Verknüpfung der Mangelhaftigkeit des Architektenwerkes mit der Mangelhaftigkeit des Bauwerkes resultiert daraus, daß Architektenleistungen generell auf das Entstehenlassen des Bauwerkes gerichtet sind (vgl oben Pkt V.2.1.).

2.5. Gewährleistungsfristen

Der Werkbesteller, der infolge Mangelhaftigkeit des Werkes Gewährleistungsansprüche gegen den Werkunternehmer stellen will, ist an die in § 933 ABGB festgesetzten Fristen gebunden. Unterläßt er innerhalb dieser Fristen eine *gerichtliche Geltendmachung* seiner Ansprüche, führt dies grundsätzlich zum Erlöschen der Klageberechtigung. Dem Werkbesteller bleibt jedoch die gerichtliche *Einrede der Mangelhaftigkeit* gegen den Anspruch des Werkunternehmers auf Bezahlung des Werklohnes auch über die in § 933 ABGB genannten Fristen erhalten, wenn der Werkbesteller dem Werkunternehmer die Mangelhaftigkeit des Werkes *außergerichtlich angezeigt* hat. [170])

Im einzelnen sieht § 933 ABGB eine Befristung der Geltendmachung der Gewährleistungsansprüche, wenn *unbewegliche* Sachen betroffen sind, mit 3 Jahren, wenn *bewegliche* Sachen betroffen sind, mit 6 Monaten vor.

Insbesondere im Bereich des Werkvertrages kann die Abgrenzung zwischen beweglichen und unbeweglichen Sachen auf Schwierigkeiten stoßen, sie ist jedoch, wie sich aus den unterschiedlichen Gewährleistungsfristen unschwer erkennen läßt, für beide Vertragsteile von enormer Bedeutung.

Generell läßt sich sagen, daß die *dreijährige* Gewährleistungsfrist immer dann zur Anwendung kommt, wenn eine unbewegliche Sache *herzustellen* oder zu *bearbeiten* ist, wenn also vom Werkunternehmer eine Verpflichtung übernommen wurde, bei deren Erfüllung Arbeiten an einer unbeweglichen Sache vorzunehmen sind. [171])

Es bleibt nun zu prüfen, ob und in welchen Fällen die geistige Leistung des Architekten als Arbeit zur Herstellung eines Bauwerkes anzusehen ist. Hiezu soll mangels Vorliegen österreichischer Judikatur und Lehre wiederum ein Blick nach Deutschland geworfen werden.

Die gefestigte *BGH-Judikatur* unterstellt die Architektenleistungen dem Begriff „Arbeiten bei Bauwerken" des § 638 BGB und kommt damit zur Anwendung der langen Gewährleistungsfrist (diese beträgt in Deutsch-

---

[170]) Vgl *Koziol / Welser* aaO 250f.

[171]) Vgl *Reischauer* in *Rummel,* ABGB^2 I Rz 4 zu § 933; OGH SZ 58/208.

land 5 Jahre). Begründet wird dies damit, daß der geistige Beitrag des Architekten ebenso als Bauleistung zu werten sei wie die Arbeiten des Bauunternehmers. Die vom Architekten zu erbringende Planungsleistung, Koordinierung und Bauüberwachung seien notwendige *Bestandteile der Gesamtbauleistung.* [172]) Die lange Gewährleistungsfrist komme auch dann zur Anwendung, wenn dem Architekten nur die Planung übertragen wurde und habe auch dann Gültigkeit, wenn der Planungsmangel bereits vor Baubeginn entdeckt wurde und sich somit gar nicht auf das Bauwerk auswirkte, da die Erstellung der Pläne eine ideelle Teilleistung im Anfangsstadium eines Bauvorhabens darstelle. Die längere Gewährleistungsfrist sei hinsichtlich der gegen den Architekten gerichteten Gewährleistungsansprüche erforderlich, weil sich Fehler bei Bauwerken erfahrungsgemäß oft erst nach Jahren bemerkbar machten. [173])

Zur *Rechtslage in Österreich* ist festzuhalten, daß die Erwägungen, die den Gesetzgeber des ABGB zur Normierung einer längeren Gewährleistungsfrist bei unbeweglichen Sachen veranlaßt haben, uE jedenfalls insoweit auch auf Architektenwerke zutreffen, als deren Mangelhaftigkeit sich in einem Bauwerksmangel manifestiert, wenn auch nicht mit diesem identisch ist. Hinsichtlich derartiger Mängel ist dem BGH darin zu folgen, daß die Leistungen des Architekten gleichgestellt mit jenen des Bauunternehmers als notwendiger Bestandteil der Gesamtbauleistung bei Herstellung eines Bauwerkes anzusehen sind und damit die Geltung der für Arbeiten an Bauwerken vorgesehenen Gewährleistungsfristen vertreten werden sollte. Eine andere Beurteilung könnte sich bei Beauftragung des Architekten mit der *reinen (Einreich-)Planung*, deren Mangelhaftigkeit sich bereits *vor Errichtung des Bauwerkes* zeigt, ergeben. Der OGH nimmt diesbezüglich offensichtlich die Anwendung der kurzen, für bewegliche Sachen vorgesehenen Gewährleistungsfrist an [174]), ohne dabei freilich auf die Problematik überhaupt einzugehen.

Der Lauf der Gewährleistungsfristen beginnt grundsätzlich im Zeitpunkt der *vollständigen Erbringung* und *Ablieferung sämtlicher Architektenleistungen* unabhängig davon, ob dem Bauherrn eine fristgerechte Entdeckung der Mängel überhaupt möglich war. Dies schafft im Falle der Beauftragung des Architekten mit der Vollarchitektur in der Regel keine Probleme, weil von einer vollständigen Ablieferung des Architektenwerkes erst nach Ausführung des geplanten Bauwerkes gesprochen werden kann. Das bedeutet, daß sich auch etwaige Planungsmängel bereits *im Bauwerk verkörpert* haben und damit jedenfalls ersichtlich geworden sind. Ist der Archi-

---

[172]) Vgl *Pott / Frieling* aaO Rz 590ff.

[173]) Vgl *Pott / Frieling,* ebenda; *Bindhardt / Jagenburg* aaO § 17 Rz 26ff.

[174]) OGH SZ 49/60.

tekt demgegenüber mit reinen Planungsleistungen beauftragt, ist es denkbar, daß gewisse Mängel anhand der Planunterlagen im Zeitpunkt der Ablieferung typischerweise *nicht erkennbar* sind. Ist auch in derartigen Fällen von einer starren Bindung des Fristenbeginnes an den Zeitpunkt der Ablieferung auszugehen, werden Gewährleistungsansprüche des Bauherrn gegen den Architekten wegen mangelhafter Planung im Zeitpunkt der Erkennbarkeit der Mängel bei späterer Ausführung des Bauwerkes fallweise bereits verfristet sein.

Hiezu wird in jüngerer Zeit von Teilen der Lehre die Auffassung vertreten, daß der Fristenlauf bei Mängeln, die ihrer *allgemeinen Natur* nach im Zeitpunkt der Ablieferung nicht erkennbar sind (verborgene Mängel), erst mit ihrer Erkennbarkeit beginne.[175]) So tritt etwa *Reischauer* für eine Verschiebung des Fristbeginnes bei Mängeln von Baustoffen, deren Tauglichkeit erst nach Verbauung und Witterungsaussetzung erkennbar werde, ein.[176]) In ähnlicher Weise könnten auch Mängel von Architektenplänen als typischerweise erst im Zeitpunkt der Bauausführung erkennbar angesehen und könnte der Beginn der Gewährleistungsfrist auf diesen Zeitpunkt hinausgeschoben werden.

In diesem Zusammenhang soll jedoch auf die große Bedeutung der Entscheidung des OGH vom 7. 3. 1990[177]) (vgl oben Pkt V.2.4.2.1., unten Pkt V.3.1.2.) im Hinblick auf die praktische Relevanz sowohl der vorstehenden Problematik als auch des Gewährleistungsrechts im allgemeinen hingewiesen werden. Die zitierte Entscheidung spricht nämlich erstmals aus, daß der Werkbesteller *Mängel des Werkes* nicht nur mittels Gewährleistung, sondern — Verschulden des Werkunternehmers voraussetzt — *auch im Wege eines Schadenersatzanspruches* geltend machen kann. Da der Beginn der Verjährungsfrist für Schadenersatzansprüche nicht an den Zeitpunkt der Ablieferung, sondern an jenen der Kenntnis des Geschädigten von Schaden und Identität des Schädigers gekoppelt ist, hat der Bauherr somit die Möglichkeit, später erkennbare Mängel der Architektenleistungen über die Gewährleistungsfrist hinaus im Wege des Schadenersatzes geltend zu machen.

Weiters hat der OGH, wenn auch nicht in Leitsatzform, zur Frage des Beginnes der Gewährleistungsfrist bei „verborgenen" Mängeln Stellung genommen und ausgesprochen, daß die Gewährleistungsfrist für verborgene Mängel unbeweglicher Sachen oder von Leistungen an solchen mit *Übergabe (Abnahme des Werkes)* und nicht erst, sobald der Mangel erkannt werden

---

[175]) Vgl *Reischauer* in *Rummel,* ABGB^2 I Rz 3 zu § 933; *Koziol / Welser* aaO 252 mwN.

[176]) *Reischauer* in *Rummel,* ABGB^2 I Rz 3a zu § 933.

[177]) OGH RdW 1990, 153 = ecolex 1990, 279ff.

konnte, beginne.[178]) Ob sich der OGH damit gänzlich gegen die in der Lehre vertretene Auffassung vom Hinausschieben des Fristbeginnes bei Nichterkennbarkeit von Mängeln wendet, ist zwar nicht mit Sicherheit zu bejahen, erscheint jedoch uE durchaus denkbar.

2.6. Einhaltung der allgemein anerkannten Regeln der Technik[179])

Wie bereits ausgeführt, hat der Architekt nach den Bestimmungen des AT, der häufig als Bestandteil eines Architektenvertrages vereinbart wird, seine Leistungen nach den allgemein anerkannten Regeln der Technik bzw der Baukunst zu erbringen (vgl oben Pkt II.7.3.2.). Erfüllt der Architekt diese Verpflichtung nicht und resultiert daraus ein Mangel des Werkes, ist der Architekt für die Mangelhaftigkeit jedenfalls gewährleistungspflichtig, in den meisten Fällen darüber hinaus auch gemäß § 1299 ABGB schadenersatzpflichtig, weil ihm ein *Verstoß* gegen die anerkannten Regeln der Technik als *Verschulden* anzulasten ist.

Wie ist jedoch die Rechtslage zu beurteilen, wenn das Werk *trotz* Einhaltung der allgemeinen anerkannten Regeln der Technik einen Mangel aufweist, etwa weil sich bestimmte Regeln im nachhinein als korrekturbedürftig erweisen? Ist in diesem Fall von einer Gewährleistungspflicht des Architekten auszugehen oder das Risiko für die Mangelhaftigkeit des Werkes trotz Einhaltung der allgemein anerkannten Regeln der Technik der Sphäre des Bauherrn zuzuweisen?

Nach der in Deutschland vorherrschenden und auch vom OGH in der bisher einzigen zu diesem Problemkreis ergangenen Entscheidung vertretenen Meinung[180]) hat der Architekt für sein Werk *unabhängig von der Einhaltung* der im *Zeitpunkt der Leistungserbringung allgemein anerkannten Regeln der Technik Gewähr* zu leisten.

Eine andere Beurteilung könnte sich höchstens ergeben, wenn der Bauherr dem Architekten Anweisungen erteilt, die zu einer Verlagerung der Risikotragung für Mängel vom Architekten auf den Bauherrn führen. Das könnte der Fall sein, wenn der Bauherr auf einer von mehreren Planungs- oder Ausführungsmöglichkeiten besteht, die sämtliche den allgemein anerkannten Regeln der Technik entsprechen, gerade die gewählte Möglichkeit sich aber in concreto als ungeeignet erweist.

---

[178]) OGH ecolex 1990, 279.

[179]) Vgl zum Begriff im generellen *Straube,* Technikklauseln im Recht 24ff.

[180]) Vgl OGH WBl 1989, 307; *Medicus,* Mängelhaftung trotz Beachtung der anerkannten Regeln der Technik beim Bauvertrag nach der VOB/B? ZfBR 1984, 155ff; *Bindhardt / Jagenburg* aaO § 4 Rz 7ff.

Hat der Architekt die allgemein anerkannten Regeln der Technik eingehalten und liegt dennoch ein Mangel vor, dann entbindet ihn diese Einhaltung somit nur in Ausnahmefällen von seiner Gewährleistungspflicht. Schadenersatzansprüche des Bauherrn gegen den Architekten werden in derart gelagerten Fällen aber in der Regel zu verneinen sein, da den Architekten kein Verschulden an der Korrekturbedürftigkeit der Regeln der Technik trifft. [181])

3. Die Schadenersatzpflicht des Architekten

3.1. Allgemeine Grundsätze

Da die Gewährleistungsbehelfe dem Bauherrn bei Mängeln des Bauwerkes, die ihre Ursache in einer fehlerhaften Leistungserbringung des Architekten haben, nicht zur Erstellung eines mangelfreien Bauwerkes verhelfen (vgl oben Pkt V.2.4.), wird der Bauherr bei Vorliegen der entsprechenden Voraussetzungen (Verschulden) der Geltendmachung von Schadenersatzansprüchen gegen den Architekten den Vorzug geben.

3.1.1. Voraussetzungen und Beweislast

Die erste Voraussetzung für das Vorliegen eines Schadenersatzanspruches des Bauherrn ist die *Rechtswidrigkeit* des Verhaltens des Architekten.

Unter dem Begriff Rechtswidrigkeit ist jeder Verstoß gegen Gebote oder Verbote der Rechtsordnung oder gegen die guten Sitten zu verstehen. Im Rahmen von Vertragsbeziehungen stellt die Verletzung einer Verpflichtung, die dem Vertragspartner gegenüber besteht, einen Verstoß gegen Gebote der Rechtsordnung dar. [182])

Neben der Rechtswidrigkeit wird vom Gesetz die *Kausalität* des Verhaltens des Architekten für den Schadenseintritt gefordert. Es ist also die Frage zu stellen, ob das Verhalten des Architekten als Ursache für den späteren Schaden anzusehen ist. Hiebei ist zu prüfen, ob der Schaden nicht entstanden wäre, wenn die vertragsverletzende Handlung oder Unterlassung des Architekten nicht gesetzt worden wäre.

Weiters setzt ein Schadenersatzanspruch des Bauherrn im Gegensatz zur Gewährleistung ein *Verschulden des Architekten* voraus, dh dem Architekten muß die Verletzung der vertraglich übernommenen Pflichten vorwerfbar sein. Von der Vorwerfbarkeit eines bestimmten Verhaltens ist nur zu sprechen, wenn der Architekt nach seinen subjektiven Fähigkeiten in der

---

[181]) *Kurschel,* Gewährleistung 23 ff mwN.

[182]) Vgl *Koziol / Welser* aaO 436.

Lage war, die Rechtswidrigkeit seines Verhaltens (Vertragsverletzung) zu erkennen und sich dementsprechend zu verhalten. [183])

An den Architekten, der aufgrund seiner Ausbildung als Sachverständiger anzusehen ist, wird gemäß § 1299 ABGB insofern ein erhöhter Sorgfaltsmaßstab angelegt, als er dem Bauherrn für den zur Erfüllung der übernommenen Aufgaben *notwendigen Fleiß* und die dafür *erforderlichen fachlichen Kenntnisse* zu haften hat. Darunter sind jener Fleiß und jene Kenntnisse zu verstehen, über die ein *durchschnittlicher Fachmann* des jeweiligen Gebietes verfügt. [184])

Insbesondere im Streitfall ist von großer Bedeutung, wer die *Beweislast* für die genannten Voraussetzungen des Bestandes einer Schadenersatzverpflichtung trägt.

Während grundsätzlich der Geschädigte sowohl die Rechtswidrigkeit und die Kausalität des Verhaltens des Schädigers als auch dessen Verschulden zu beweisen hat, legt § 1298 ABGB im Falle der Verletzung einer Vertragspflicht eine *Beweislastumkehr hinsichtlich des Verschuldens* des Schädigers fest.

Dem geschädigten Bauherrn obliegt somit nach allgemeinen Grundsätzen der Beweis der Pflichtenverletzung durch den Architekten und deren Ursächlichkeit für den Schadenseintritt, während der Architekt seinerseits zu beweisen hat, daß ihn daran kein Verschulden trifft.

3.1.2. Ausgleich von Mängeln im Wege des Schadenersatzes

Die Berechtigung des Bauherrn, vom Architekten den infolge dessen mangelhafter Leistung entstandenen Schaden ersetzt zu verlangen, ergibt sich aus § 932 Abs 1 letzter Satz ABGB, wonach der Gewährleistungspflichtige in allen Fällen für den verschuldeten Schaden haftet.

Die Rechtsprechung [185]) vertrat lange Zeit die Meinung, der Schadenersatzanspruch gemäß § 932 Abs 1 letzter Satz ABGB umfasse nur die durch den Mangel verursachten weiteren Schäden, die sog *Mangelfolgeschäden*, nicht aber den Nachteil, den das Vorhandensein des Mangels selbst für den Werkbesteller darstelle. Diesbezüglich sei der Werkbesteller auf die ihm zustehenden Gewährleistungsansprüche zu verweisen.

Im Bereich der Mangelfolgeschäden kommen als wichtigste Gruppe zunächst alle Schäden, die dem Bauherrn aufgrund der mangelhaften Errichtung des Bauwerkes entstehen, in Betracht, soweit ihre Ursachen in einer

---

[183]) Vgl *Koziol / Welser* aaO 419 f.

[184]) Vgl *Reischauer* in *Rummel,* ABGB II Rz 2 zu § 1299.

[185]) Vgl etwa SZ 44/20; SZ 48/56.

mangelhaften Erfüllung der Planungs- und / oder Überwachungsleistungen durch den Architekten und nicht in einer mit Mängeln behafteten Ausführung des Bauwerkes durch die beauftragten Bauunternehmer liegen. [186])

An Beispielen wären etwa die Kosten der Mängelbehebung am Bauwerk selbst oder der Abgeltungsbetrag für einen verbleibenden technischen oder merkantilen Minderwert des Bauwerkes zu nennen.

Weiters können Mangelfolgeschäden in Form von verzögerungsbedingten Mehrkosten der Errichtung des Bauwerkes, etwa als Zinsenverluste oder Zwischenfinanzierungskosten, oder in Form von Gewinn- oder Nutzungsausfällen des Bauherrn als Eigentümer des Bauwerkes auftreten. [187])

Die genannte unterschiedliche Behandlung von Mängeln und Mangelfolgeschäden wurde schon seit längerem von Teilen der Lehre als unbegründet abgelehnt. [188]) Der OGH, der bereits in den letzten Jahren den Begriff des Mangelfolgeschadens eher ausdehnend auslegte und im Rahmen des Schadenersatzanspruches nach § 932 ABGB zum Teil den Ersatz des gesamten Nichterfüllungsschadens, der auch den Mangel des Werkes an sich beinhaltet, zusprach [189]), hat jüngst erstmals ausdrücklich ausgesprochen, daß der Werkbesteller vom Unternehmer das *Erfüllungsinteresse* verlangen könne, wenn die Mängel auf dessen rechtswidriges und schuldhaftes Verhalten zurückzuführen seien. [190])

Das bedeutet, daß die bisherige Differenzierung zwischen Mängeln und Mangelfolgeschäden für das Schadenersatzrecht wegfällt. [191]) Der Bauherr kann den gesamten ihm aus der pflichtwidrigen Vertragsverletzung des Architekten entstehenden Nachteil *(Mangel und Mangelfolgeschaden)* auch noch nach Ablauf der Gewährleistungsfrist geltend machen, solange die für Schadenersatzansprüche bestehende Verjährungsfrist des § 1489 ABGB noch offen ist.

Dies führt für den Bauherrn zu einer wesentlich verbesserten Durchsetzbarkeit seiner Ansprüche. Während nämlich die Gewährleistungsfristen des § 933 ABGB 6 Monate für bewegliche Sachen bzw 3 Jahre für unbewegliche Sachen betragen, verjähren Schadenersatzansprüche gemäß § 1489

---

[186]) Zur Sach- und Rechtslage, wenn sowohl der Architekt als auch der (die) Bauunternehmer die ihnen obliegenden Aufgaben nur mangelhaft erfüllen, vgl unten Pkt V.3.3.1.

[187]) Vgl *Bindhardt / Jagenburg* aaO § 4 Rz 54.

[188]) Vgl *Reischauer* in *Rummel,* ABGB^2 I Rz 20 zu § 932; *Koziol / Welser* aaO 257.

[189]) Vgl OGH JBl 1987, 44; *Koziol / Welser* aaO 376; *Kurschel,* Gewährleistung 144 f; *Reischauer* in *Rummel,* ABGB^2 I Rz 20 zu § 932.

[190]) OGH RdW 1990, 153 = ecolex 1990, 279 ff.

[191]) Vgl *Kurschel* ecolex 1990, 276 f.

ABGB einheitlich nach 3 Jahren. Weiters beginnen Gewährleistungsfristen grundsätzlich mit der Übergabe der mangelhaften Sache zu laufen, wohingegen der Fristenlauf im Bereich des Schadenersatzrechtes regelmäßig erst mit Kenntnis des Schadens, der Person des Schädigers sowie jener Tatsachen, aus denen sich ein Verschulden des Schädigers ableiten läßt, in Gang gesetzt wird. [192])

3.1.3. „Sowieso-Kosten"

Verlangt der Bauherr vom Architekten im Wege des Schadenersatzes den zur Beseitigung eines Bauwerksmangels nötigen Aufwand ersetzt (Mangelfolgeschaden), dann kann es sein, daß der durch Verbesserung des Bauwerkes entstehende zusätzliche Aufwand vom Bauherrn ganz oder teilweise auch bei ursprünglich ordnungsgemäßer Erbringung der Architektenleistungen zu tragen gewesen wäre (sog *„Sowieso-Kosten"*).

Unterläuft dem Architekten etwa ein Planungsfehler in der Weise, daß eine billige untaugliche Ausführungsart vorgeschrieben wird, dann kann dem auf Ersatz der Kosten einer tauglichen, teureren Ausführung gerichteten Anspruch des Bauherrn grundsätzlich entgegengehalten werden, daß dieser die mit der Vornahme der teureren Ausführung verbundenen Mehrkosten bei ordnungsgemäßer Planung eben schon ursprünglich tragen hätte müssen. Der Ersatzanspruch kann diesfalls auf die Kosten der untauglichen Erstausführung beschränkt sein. [193])

Allerdings hängt die Beantwortung der Frage, ob der Einwand der *„Sowieso-Kosten"* durch den Architekten beachtlich ist, von der *Entgeltvereinbarung* zwischen dem Bauherrn und dem ausführenden Bauunternehmer ab. Hat nämlich der Bauunternehmer mit dem Bauherrn eine Pauschalpreisvereinbarung geschlossen, dann bleibt ersterer grundsätzlich auch dann daran gebunden, wenn sich die beabsichtigte Ausführungsart nachträglich als unzureichend herausstellt und aufwendigere Maßnahmen erforderlich werden. [194]) In diesem Fall hätte daher der Bauherr auch bei ursprünglicher Planung der teureren, tauglichen Ausführungsart keine zusätzlichen Kosten zu tragen gehabt. Allerdings könnte der Architekt dagegen uU noch den Beweis erbringen, daß der ausführende Bauunternehmer bei ursprünglicher Planung der erforderlichen teureren Ausführung einen entsprechend höheren Pauschalpreis vereinbart hätte.

---

[192]) Vgl OGH HdBW V/26.

[193]) Vgl OGH WBl 1987, 119.

[194]) Vgl *Kurschel,* Gewährleistung 73 f; BGH vom 17. 5. 1984 BGHZ 91, 211 ff; ablehnend *Wilhelm,* Von widersprüchlichen Werkverträgen, falschen Regeln der Technik, Behebung unbehebbarer Mängel und Sowiesokosten, Festschrift *Ostheim* 236.

3.2. Fallgruppen

Im Rahmen dieses Kapitels soll anhand verschiedener in der Praxis auftretender Fallkonstellationen sowohl die gewährleistungsrechtliche als auch die schadenersatzrechtliche Haftung des Architekten dargestellt werden.

3.2.1. Haftung wegen verzögerter Leistungserbringung bzw Unmöglichkeit der Leistung

Der Architekt schuldet dem Bauherrn neben einer *technisch einwandfreien* und *wirtschaftlichen* auch die *rechtzeitige* Erfüllung der von ihm übernommenen Leistungspflichten. Der Fälligkeitszeitpunkt der vom Architekten zu erbringenden Teilleistungen richtet sich in erster Linie nach dem Architektenvertrag. In Ermangelung einer entsprechenden Vereinbarung hat der Architekt seine Arbeiten in angemessener Frist zu Ende zu führen und insbesondere die einzelnen Teilleistungen dem *Baufortschritt* entsprechend rechtzeitig zu erbringen. Dies gilt vor allem für Pläne sowie Ausführungs- und Detailzeichnungen, die von den bauausführenden Firmen für die Erbringung der ihnen obliegenden Leistungen benötigt werden. [195])

Kommt der Architekt mit der Erbringung der geschuldeten Leistungen in Verzug, kann der Bauherr nach seiner Wahl entweder auf *Erfüllung des Vertrages* bestehen oder unter Setzung einer angemessenen Nachfrist, innerhalb welcher der Architekt seine Leistungen nachholen kann, vom Architektenvertrag *zurücktreten* (§ 918 ABGB).

Diese Wahlmöglichkeit steht dem Bauherrn unabhängig davon zu, ob der Architekt unverschuldet — etwa infolge einer schweren Krankheit oder eines unvorhersehbaren Ausfalls von Mitarbeitern — oder verschuldet in Verzug geraten ist.

Hält der Bauherr am Vertrag fest, so kann er vom Architekten, wenn diesem ein *Verschulden* an der verspäteten Erfüllung seiner Vertragspflichten anzulasten ist, den Ersatz sämtlicher ihm aus der Verspätung erwachsenden Schäden begehren. Hier kommen insbesondere *Verzögerungs- oder Stillstandskosten* der bauausführenden Unternehmer, die diese wegen verspäteter Planbeistellung gegen den Bauherrn geltend machen, in Betracht. [196])

Tritt der Bauherr nach erfolglosem Verstreichen der Nachfrist vom Vertrag zurück, steht ihm bei schuldhafter Nichterfüllung des Architekten ein Anspruch auf Ersatz sämtlicher Schäden zu, dh er ist vermögensmäßig so zu stellen, wie wenn der Architekt ordnungsgemäß erfüllt hätte. Auch im

---

[195]) *Bindhardt / Jagenburg* aaO § 6 Rz 166.

[196]) *Bindhardt/Jagenburg,* ebenda.

Rahmen des *Nichterfüllungsschadens* finden somit die gegen den Bauherrn gerichteten Ansprüche der bauausführenden Unternehmer wegen Baustillstands- oder Verzögerungszeiten Berücksichtigung.

Zu beachten ist in diesem Zusammenhang, daß für Schadenersatzansprüche des Bauherrn wegen Verspätung oder Nichterfüllung ein Ausschluß aus der Versicherungsdeckung durch die Berufshaftpflichtversicherung normiert ist. [197])

Anders stellt sich die Rechtslage dar, wenn der Architekt zwar seine Leistungen nicht rechtzeitig erbringt, die Ursache dafür jedoch in der Verzögerung und Unterlassung einer erforderlichen *Mitwirkung des Bauherrn* liegt. Als Beispiel wäre denkbar, daß der Bauherr dem Architekten bestimmte für die Leistungserbringung notwendige Angaben oder Unterlagen nicht liefert oder der Statiker, der bei Beauftragung durch den Bauherrn als dessen Erfüllungshilfe anzusehen ist, dem Architekten seine Pläne oder Vorgaben nicht rechtzeitig zur Verfügung stellt. [198])

Grundsätzlich ist eine für die Werkerstellung erforderliche Mitwirkung nicht als Verpflichtung des Bauherrn, sondern als Hilfshandlung anzusehen, bei deren Verzögerung oder Unterlassung der Bauherr in *Annahmeverzug* gerät. Der Architekt kann darauf gemäß § 1168 ABGB in zweierlei Form reagieren.

Hat er selbst ein großes Interesse an der Werkerstellung, so wird er sich damit begnügen, den Bauherrn zur Mitwirkung aufzufordern und bei weiterem Unterbleiben derselben vom Bauherrn eine *angemessene Entschädigung* für den bis zum Zeitpunkt der nachgeholten Mitwirkung entstandenen Zeitverlust begehren. In diesem Fall kann der Bauherr seine Mitwirkung jederzeit nachholen, worauf der Architekt gehalten ist, sein Werk auszuführen. [199])

Zieht der Architekt jedoch die Klarheit darüber, ob die erforderliche Mitwirkung des Bauherrn überhaupt erfolgen wird, der bloßen Möglichkeit einer verspäteten Werkerstellung vor, kann er dem Bauherrn eine *angemessene Frist zur Nachholung* der Mitwirkung, verbunden mit einer *Rücktrittsdrohung*, setzen. Erfüllt der Bauherr innerhalb dieser Frist seine Mitwirkungspflichten nicht, ist der Architektenvertrag aufgehoben.

Dem Architekten bleibt in diesem Fall sein um den ersparten Aufwand sowie einen allfälligen sonstigen Verdienst verminderter Honoraranspruch erhalten.

---

[197]) Vgl zB Art 6 Pkt 4.2, 4.3 und 4.5 der Versicherungsbedingungen der Berufshaftpflichtversicherung für Ziviltechniker der Ingenieurkammer für Wien, NÖ und Bgld.

[198]) Vgl *Bindhardt / Jagenburg* aaO § 6 Rz 169.

[199]) Vgl *Adler-Höller* in *Klang*[2] V 405.

Die genannten Folgen treten auch dann ein, wenn der Bauherr, der seinen Mitwirkungspflichten nicht nachkommt und dadurch eine weitere Leistungserbringung durch den Architekten verhindert, von der Werkerstellung gänzlich Abstand nimmt (§ 1168 ABGB).

Ist der Architekt an der Erbringung seiner Leistungen nicht nur vorübergehend, sondern dauerhaft gehindert, liegt ein Fall der *Unmöglichkeit der Leistung* vor. Sind die Ursachen in der Sphäre des Bauherrn zu suchen, so bleibt der Honoraranspruch des Architekten trotz des Unterbleibens seiner Leistung erhalten, während er bei Ursachen aus der Sphäre des Architekten entfällt (§ 1168 ABGB; vgl oben Pkt V.1.2.).

Wird die Leistungserbringung durch ein Verschulden des Architekten oder einen von ihm zu vertretenden Zufall vereitelt, so steht dem Bauherrn darüber hinaus ein Anspruch auf Ersatz des gesamten Nichterfüllungsschadens zu (§§ 920, 921 ABGB), der bei *grobem Verschulden* auch den *Ersatz des entgangenen Gewinnes* umfaßt.

So ist ein Architekt, der vertraglich die Erwirkung der Baubewilligung (als werkvertraglichen Erfolg) versprochen, dh das Risiko der Nichterteilung übernommen hat, bei endgültiger Nichterteilung der Bewilligung für das eingereichte Projekt zunächst verpflichtet, dem Bauherrn die mit der Beauftragung eines anderen Architekten bzw. Abwicklung eines anderen Projektes verbundenen Mehraufwendungen (*„Deckungsgeschäft“*) zu ersetzen. Ist die Nichterteilung der Baubewilligung vom Architekten darüber hinaus grob schuldhaft zu vertreten, so haftet dieser zB auch für die dem Bauherrn durch die Nichterteilung der Bewilligung entgangenen Mieteinnahmen aus dem zu errichtenden Objekt, wobei aber der Nichteinsatz von Kapital durch den Bauherrn (zB keine Fremdkapitalzinsen etc) diesem als Vorteil anzurechnen ist.[200]) Diese Überlegungen gelten selbstverständlich nicht bloß für die Fälle einer Unmöglichkeit, sondern immer dann, wenn der Architekt das Erfüllungsinteresse („positive Vertragsinteresse“) schuldet.

3.2.2. Haftung für technische Fehler

3.2.2.1. Fehlerhafte Planung

Der Architekt ist aufgrund des mit dem Bauherrn geschlossenen Vertrages sowie nach allgemeinen Grundsätzen verpflichtet, sämtliche baubehördlichen Bestimmungen zu beobachten und seine Planung an den allgemein anerkannten Regeln der Technik zu orientieren. Die Planung des Architekten muß also *genehmigungsfähig* und *technisch einwandfrei* sein. Eine Fehlplanung des Architekten kann Preisminderungs- oder Verbesserungsansprü-

[200]) Vgl OGH SZ 52/188 = JBl 1981, 322.

che, eine Wandlung des Architektenvertrages und bei Verschulden des Architekten auch dessen Schadenersatzpflicht gegenüber dem Bauherrn zur Folge haben.

Hat der Architekt Zweifel, ob mit einer bestimmten Gestaltung des Bauvorhabens eine Bewilligung der Baubehörde erreicht werden kann, hat er den Bauherrn darauf hinzuweisen. Nur wenn der Bauherr trotz der vorgetragenen Bedenken auf der gewählten Gestaltung besteht, ist trotz der Nichterteilung der Baugenehmigung keine Mangelhaftigkeit der Planung anzunehmen.

Wird die Baubewilligung zu Unrecht nicht erteilt, etwa weil die Behörde unberechtigterweise versucht, dem Bauherrn einen bestimmten Baustil vorzuschreiben, so wird der Architekt, sofern die Fehlerhaftigkeit der behördlichen Entscheidung offensichtlich ist, vom Bauherrn die Ergreifung eines Rechtsmittels zur Erlangung der Baubewilligung verlangen können. Bestehen hingegen berechtigte Bedenken gegen die Genehmigungsfähigkeit der Planung, kann dem Bauherrn im Zweifel das Risiko eines lange dauernden Verwaltungsverfahrens nicht zugemutet werden. Er ist vielmehr berechtigt, den Architekten wegen mangelhafter Planung zur Verantwortung zu ziehen.[201])

Die Planung des Architekten kann auch bei Vorliegen der Genehmigungsfähigkeit mit technischen Fehlern behaftet sein, wenn die Architektenleistungen *nicht* den *anerkannten Regeln der Technik und der Baukunst* entsprechen. Dies wäre etwa bei Verwendung von für den konkreten Fall nicht dem Stand der Technik entsprechenden Materialien gegeben.

Ebenso können Mängel in der die Grundlage für die Ausschreibung bildenden Leistungsbeschreibung oder die Auswahl fachlich nicht ausreichend qualifizierter Unternehmer eine Haftung des Architekten nach sich ziehen, wenn er seiner Verpflichtung zur sorgfältigen, vollständigen und richtigen Erstellung der Ausschreibungsunterlagen und zur gewissenhaften Überprüfung der eingehenden Anbote nicht nachkommt.[202])

Andererseits kann auch ein in technischer Hinsicht einwandfreier Plan mangelhaft sein, wenn der Architekt die *berechtigten Wünsche des Bauherrn* im Hinblick auf die technische, funktionelle oder baukünstlerische Gestaltung des Bauwerkes zur Realisierung des vertraglich vorausgesetzten Gebrauchs nicht berücksichtigt. In diesem Zusammenhang ist jedoch zu betonen, daß die Planung des Architekten nicht schon deshalb fehlerhaft ist, weil das daraus resultierende Werk dem Geschmack des Bauherrn nicht entspricht. Entscheidend ist vielmehr, ob die Architektenleistung im Hinblick auf den Zweck des Bauwerkes brauchbar ist.

---

[201]) Vgl *Bindhardt / Jagenburg* aaO § 6 Rz 76ff; *Locher* aaO Rz 250ff.

[202]) Vgl *Bindhardt / Jagenburg* aaO § 6 Rz 49ff; *Pott / Frieling* aaO Rz 430ff.

Eine andere Beurteilung könnte sich nur ergeben, wenn die Gestaltungsfreiheit des Architekten vertraglich eingeschränkt worden wäre. [203])

3.2.2.2. Fehlerhafte Koordinierung

Unter Koordinierung ist die reibungslose Abstimmung sämtlicher Vorgänge, die der Vorbereitung und Durchführung des Bauvorhabens dienen, in technischer, wirtschaftlicher und zeitlicher Hinsicht zu verstehen. [204])

Eine Koordinierungspflicht trifft den Architekten bereits in der *Planungsphase*, wo er die *Leistungen der beteiligten Sonderfachleute* zu koordinieren und in seine Planung zu integrieren hat. Von besonderer Bedeutung ist die Koordinierungstätigkeit des Architekten jedoch im Rahmen der *örtlichen Bauaufsicht*, weil in diesem Bereich die vielfältigen Leistungen der Bauunternehmer und Sonderfachleute aufeinander abzustimmen sind.

Von der Koordinierungstätigkeit des Architekten sind sowohl die Terminplanung und die Abstimmung der Arbeitstermine der beteiligten Unternehmer im Sinne einer zügigen geschäftlichen und technischen Abwicklung des Bauvorhabens als auch die Einholung der erforderlichen Genehmigungen umfaßt. Die Koordinierungstätigkeit erstreckt sich jedoch auch auf die rechtzeitige Berücksichtigung von Witterungseinflüssen oder konjunkturellen Preisschwankungen auf dem Baumarkt. [205]) Die Grenze der Koordinierungspflicht des Architekten wird dort zu ziehen sein, wo es sich um Spezialbaumaßnahmen von Sonderfachleuten handelt und eine mangelfreie Koordinierung durch den Architekten ein von ihm nicht zu erwartendes Fachwissen voraussetzen würde. In derartigen Fällen wird eine haftungsbegründende Pflichtverletzung des Architekten zu verneinen sein. [206])

3.2.2.3. Fehlerhafte Bauaufsicht

Unter dem Begriff Bauaufsicht sind eine Vielzahl unterschiedlichster Tätigkeiten des Architekten zusammengefaßt (vgl § 34 lit h GOA).

Generell läßt sich sagen, daß der Architekt im Rahmen der Bauaufsicht an Ort und Stelle dafür Sorge zu tragen hat, daß das Bauwerk *plangerecht* und *frei von Mängeln* entsteht.

Die *Intensität* der erforderlichen Bauaufsicht kann nicht allgemein festgelegt werden, sondern hängt im Einzelfall von den Schwierigkeiten der Bauausführung, der Zuverlässigkeit der beigezogenen Bauunternehmer

---

[203]) Vgl *Bindhardt / Jagenburg* aaO § 6 Rz 57 ff; *Pott / Frieling* aaO Rz 443 ff.

[204]) *Pott / Frieling* aaO Rz 446.

[205]) Vgl *Bindhardt / Jagenburg* aaO § 6 Rz 98 f; *Pott / Frieling* aaO Rz 452.

[206]) Vgl *Bindhardt / Jagenburg* aaO § 6 Rz 100 ff; *Pott / Frieling* aaO Rz 449 ff; *Locher* aaO Rz 255.

oder dem Vorhandensein eines erhöhten Fehlerrisikos infolge Verwendung neuer Baustoffe oder Baumethoden ab. [207])

Eine generelle *Anwesenheitspflicht* des Architekten auf der Baustelle ist zu verneinen, die Zahl der erforderlichen Baustellenbesuche liegt vielmehr im pflichtgemäßen Ermessen des Architekten und wird je nach Wichtigkeit und Schwierigkeit der gerade in Ausführung befindlichen Bauabschnitte differieren. Der Architekt wird jedoch zumindest verpflichtet sein, die wichtigsten Bauabschnitte, von denen das Gelingen des gesamten Bauwerkes abhängt, persönlich oder durch Erfüllungshilfen zu überwachen bzw sich unmittelbar nach Ausführung der entsprechenden Arbeiten von deren Ordnungsgemäßheit zu überzeugen. [208])

Die diversen Agenden des Architekten im Rahmen der Bauaufsicht lassen sich in Form einer strengen *Überprüfungs- und Wahrnehmungspflicht* zusammenfassen, die eine wirksame Kontrolle der Bauleistungen sichern soll. Der Architekt hat die verschiedenen Bauleistungen rechtzeitig zu untersuchen und etwaige ihm erkennbare Baustoff- oder Ausführungsmängel unverzüglich zu beanstanden. Eine Verletzung der dem Architekten obliegenden Prüfpflicht ist — ebenso wie im Bereich der Koordinierungstätigkeit — dann nicht anzunehmen, wenn der Architekt bei Anwendung des von ihm erwarteten Fachwissens Fehlleistungen eines Spezialunternehmens oder eines Sonderfachmannes nicht erkennen konnte.

3.2.2.4. Abgrenzung zwischen Koordinierungs- und Bauaufsichtsfehlern

Bereits aus der Tatsache, daß die Koordinierungspflicht eine Teilaufgabe im Rahmen der örtlichen Bauaufsicht darstellt, läßt sich ersehen, daß die Frage, ob ein Bauwerksmangel auf einen Koordinierungsfehler oder einen Aufsichtsfehler des Architekten zurückzuführen ist, nicht immer leicht zu beantworten ist.

Generell kann die Koordinierungstätigkeit von der Aufsichtstätigkeit des Architekten in der Form abgegrenzt werden, daß die Planung oder Ingangsetzung von Bauabläufen den Koordinierungsaufgaben, die Überprüfung der Leistungen der Bauunternehmer auf ihre Richtigkeit und Vollständigkeit hingegen den Aufsichtspflichten des Architekten zuzurechnen ist. Als Kriterium für die im Einzelfall oft schwierige Unterscheidung kann in Anlehnung an die deutsche Judikatur der Grundsatz herangezogen werden, daß eine Verletzung der Koordinierungspflicht immer dann anzunehmen sei, wenn die Pflichtverletzung des Architekten ihrem Wesen nach *einem Planungsfehler nahekomme.* [209])

[207]) Vgl *Locher* aaO Rz 256 ff.

[208]) *Bindhardt / Jagenburg* aaO § 6 Rz 113.

[209]) Vgl *Bindhardt / Jagenburg* aaO § 6 Rz 104 f.

Diese Abgrenzung ist insofern von großer Bedeutung, als sich aus der Qualifikation eines Fehlers des Architekten als mangelhafte Koordinierung bzw als mangelhafte Bauaufsicht weitreichende Konsequenzen für das Verhältnis des Bauherrn zum Bauunternehmer ergeben.

Die einhellige Judikatur geht nämlich davon aus, daß sich der Bauherr, der sich eines Architekten zur Erfüllung der ihm gegenüber dem Bauunternehmer obliegenden Mitwirkungspflichten bedient, ein Verschulden des Architekten als *eigenes Verschulden* im Verhältnis zum Bauunternehmer anrechnen lassen muß. [210])

Die Umschreibung der *Mitwirkungspflichten des Bauherrn gegenüber dem Bauunternehmer* nimmt die Rechtsprechung dahingehend vor, daß der Bauherr dem Bauunternehmer aufgrund des zwischen ihnen geschlossenen Werkvertrages zwar die Zurverfügungstellung tauglicher Pläne und die Koordinierung der Leistungen der einzelnen Bauunternehmer während der Bauausführung, ohne besondere Absprache jedoch nicht die Bauaufsicht schulde[211]) (näher dazu unten Pkt V.3.3.1.1.).

3.2.3. Haftung für Fehler im Kostenbereich

3.2.3.1. Allgemeines

Der Architekt ist dem Bauherrn nicht nur zur Erbringung einer technisch einwandfreien, sondern auch einer wirtschaftlichen Leistung verpflichtet. Auch eine technisch einwandfreie Architektenleistung kann aus wirtschaftlichen Gründen mangelhaft sein.

Als derartige Mängel kommen im Rahmen der *Planung* insbesondere die erhebliche Überschreitung der notwendigen Gründungskosten, eine nicht ausreichende Berücksichtigung beschränkter Eigenmittel des Bauherrn oder die Verursachung vermeidbarer Kosten durch eine zu aufwendige Planung in Betracht.

Auch im Bereich der *Ausschreibung* und der *Leistungsvergabe* kann der Architekt erheblichen Einfluß auf die Wirtschaftlichkeit des Bauvorhabens nehmen. Der Bauherr wird von ihm die sorgfältige Berechnung der Massen für die Erstellung der Leistungsverzeichnisse, die Einholung mehrerer Angebote und die Überprüfung der eingelangten Angebote nicht nur in technischer, sondern auch in wirtschaftlicher Hinsicht erwarten können. [212])

Die Verpflichtung des Architekten, seine Leistungen möglichst kostensparend und unter Berücksichtigung der finanziellen Wünsche des Bauherrn

---

[210]) OGH JBl 1985, 622; OGH 3. 7. 1984, 5 Ob 607/83; SZ 57/18.

[211]) OGH 3. 7. 1984, 5 Ob 607/83; SZ 57/18.

[212]) Vgl *Bindhardt / Jagenburg* aaO § 6 Rz 81 ff; *Pott / Frieling* aaO Rz 480 ff.

zu erbringen, ergibt sich einerseits unmittelbar aus der GOA, andererseits aus der dem Architekten obliegenden umfassenden Beratungspflicht.

3.2.3.2. Fehler in der Kostenermittlung

Nach den Bestimmungen der GOA ist der Architekt im Rahmen der Vorentwurfsplanung zu einer *überschlägigen Baukostenschätzung* aufgrund von Kostenrichtwerten, wie etwa Quadrat- oder Kubikmeterpreisen, verpflichtet.

Weiters hat der Architekt im Bereich der Teilleistung Kostenberechnungsgrundlage (§ 34 lit d GOA), falls erforderlich, eine *Schätzung der Herstellungskosten* aufgrund der ortsüblichen Richtpreise vorzunehmen.

Da diese Kostenschätzungen dem Bauherrn in der Regel als Entscheidungshilfen dafür dienen, ob das Bauvorhaben in der geplanten Form den finanziellen Verhältnissen des Bauherrn entspricht und zur Ausführung gelangen soll, ist der Architekt zu einer umfassenden und möglichst genauen Kostenschätzung verpflichtet. Da jedoch die für die Kosten des Bauvorhabens bestimmenden Faktoren naturgemäß im Anfangsstadium der Planung nicht mit letzter Exaktheit ermittelt werden können, wird dem Architekten ein gewisser *Toleranzspielraum* zuzubilligen sein, der je nach der Leistungsphase, in der die Kostenschätzung zu erstellen ist, variieren wird. [213])

Es sind daher an den Genauigkeitsgrad der Kostenschätzung im Vorentwurfsstadium infolge der Vielzahl dabei auftretender Unsicherheitsfaktoren geringere Anforderungen zu stellen als etwa im Rahmen der Kostenberechnungsgrundlage, die bereits auf weitgehend zuverlässigen Grundlagen aufbauen kann. Allerdings trifft den Architekten eine Hinweispflicht bezüglich jener Umstände, die eine (erhebliche) Überschreitung der geschätzten Werte bewirken könnten und deren Eintritt als möglich vorhergesehen werden kann.

Als *angemessene Toleranzgrenze*, bei deren Überschreitung von einer fehlerhaften Kostenermittlung durch den Architekten gesprochen werden kann, wird in der zur *deutschen HOAI* ergangenen Judikatur und Literatur ziemlich einhellig ein Satz von 20—30 % für die Kostenschätzung im Vorplanungsstadium sowie ein solcher von ungefähr 10 % für die Kostenberechnung im Rahmen der Entwurfsplanung, die in etwa der Kostenschätzung im Bereich der Teilleistung Kostenberechnungsgrundlage der GOA entspricht, festgelegt. [214])

Ohne diese Prozentsätze als solche auf die in der GOA vorgesehene Kostenermittlung übertragen zu wollen, geben sie doch einen gewissen Hinweis

---

[213]) *Pott / Frieling* aaO Rz 492.

[214]) Vgl *Bindhardt / Jagenburg* aaO § 6 Rz 183; *Pott / Frieling* aaO Rz 492.

auf die erforderliche Genauigkeit der vom Architekten vorgenommenen Kostenschätzungen.

Die genannte Toleranzbreite dient jedoch — und darauf sei mit aller Deutlichkeit hingewiesen — nicht dazu, Fehlleistungen des Architekten (etwa Rechen- oder Bewertungsfehler) zu kaschieren, sondern trägt lediglich dem Vorhandensein notwendiger Ungenauigkeiten im Frühstadium der Planung, wie etwa Materialpreissteigerungen, Lohnerhöhungen udg, Rechnung.[215])

Schätzt der Architekt daher zB den mit einem bestimmten Projekt verbundenen Material- oder Personaleinsatz grob falsch ein, dann exkulpiert ihn der Umstand nicht, daß sich die Kostensteigerung letztlich innerhalb der dem Architekten zugestandenen „Toleranzbreite" hält. Der Architekt handelt vielmehr auch dann sorgfaltswidrig, wenn er einen bestimmten Kostenfaktor in nicht mehr tolerabler Weise unrichtig einschätzt, selbst wenn sich diese Fehleinschätzung im Rahmen der Gesamtkosten nur relativ geringfügig bemerkbar macht. Die an § 1299 ABGB zu messende Sorgfaltspflicht des Architekten erstreckt sich eben *nicht nur* auf die *Kostensumme*, sondern auch und gerade auf die zu dieser führenden *Berechnungsgrundlagen*.

Nicht unerwähnt soll bleiben, daß das Risiko einer schadenersatzrechtlichen Inanspruchnahme des Architekten durch den Bauherrn wegen fehlerhafter Kostenermittlung aus dem Versicherungsschutz der Berufshaftpflichtversicherungen ausgeschlossen ist.[216])

3.2.3.3. Bausummenüberschreitungen

Von einer Bausummenüberschreitung ist zu sprechen, wenn die aufgrund einer Kostenschätzung des Architekten prognostizierten oder vom Bauherrn in einem Kostenlimit festgelegten Baukosten überschritten werden.

Neben einer fehlerhaften Kostenermittlung kommen als weitere wichtige Ursachen dafür einerseits *Veränderungen in der Bauausführung*, etwa durch verteuernde Sonderwünsche des Bauherrn oder zusätzlich erforderliche technische Maßnahmen, und andererseits *fehlerhafte* Architektenleistungen, etwa eine zu aufwendige Planung, Ausschreibungs- und Vergabefehler udg in Betracht.

Gegen die Bezahlung der erhöhten Bausumme als solche kann sich der Bauherr idR nicht wehren, da dieser entsprechende Leistungen der Bauunternehmer bzw Sonderfachleute zugrundeliegen, die der Architekt als Be-

---

[215]) *Bindhardt / Jagenburg* aaO § 6 Rz 184.

[216]) Vgl zB Art 6 Pkt 4.6 der Versicherungsbedingungen der Berufshaftpflichtversicherung für Ziviltechniker der Ingenieurkammer für Wien, NÖ und Bgld.

vollmächtigter des Bauherrn beauftragte. Umso aktueller wird daher die Frage nach dem Bestand eines *Schadenersatzanspruches* des Bauherrn gegen den Architekten sein, wenn die Bausummenüberschreitung als solche bzw die Unterlassung der entsprechenden Information des Bauherrn auf einer Pflichtverletzung des Architekten beruht (siehe im folgenden).

Für *eigene Fehler*, die die Ursache für eine Bausummenüberschreitung darstellen, haftet der Architekt wie für die Verletzung sonstiger Hauptpflichten. Zieht der Architekt zB für Professionistenarbeiten nicht den Billigstbieter heran oder unterläßt er überhaupt eine Ausschreibung bzw die Einholung mehrerer Anbote, dann kann dem Bauherrn ein Schaden in Höhe der Differenz zwischen dem verrechneten Entgelt und dem niedrigeren Entgelt eines zu gleichwertiger Leistungserbringung fähigen Professionisten entstanden sein, für den der Architekt grundsätzlich aufzukommen hat.

Weiters stellt auch der durch die Zahlung der erhöhten Bausumme veranlaßte (zusätzliche) Finanzierungsaufwand (Kreditzinsen etc) einen Schaden des Bauherrn dar.

Ist der Grund für die Bausummenüberschreitung in einer erforderlichen oder vom Bauherrn gewünschten *Änderung der Bauausführung* zu suchen, so trifft den Architekten diesbezüglich eine Beratungs- und Aufklärungspflicht, deren schuldhafte Verletzung ebenfalls Schadenersatzfolgen auslösen kann.[217])

Die Ermittlung des durch die Bausummenüberschreitung entstehenden Schadens stößt insbesondere dort auf Schwierigkeiten, wo dem Bauherrn aus der Bausummenüberschreitung nicht nur Nachteile, sondern auch Vorteile erwachsen. Hier kommen vor allem ein höherer Ertrags- bzw Verkehrswert oder bessere Nutzungsmöglichkeiten des Bauwerks in Betracht, die sich infolge einer technisch oder gestalterisch höherwertigen Bauausführung ergeben. Man spricht in einem solchen Fall auch von einer *„unechten" Bausummenüberschreitung.*[218])

Nach den allgemeinen Prinzipien des Schadenersatzrechts, wonach der Geschädigte nicht schlechter-, aber auch nicht bessergestellt werden soll, als er ohne das schädigende Ereignis stünde[219]), wären die dem Bauherrn aus der Bausummenüberschreitung erwachsenden Vorteile, für welche der Architekt beweispflichtig ist, auf die ihn treffenden Nachteile, insb erhöhte Bauaufwendungen und / oder Finanzierungskosten, anzurechnen.

Dieses Ergebnis scheint jedoch dann unbillig, wenn der Kostensteigerung eine Fehlleistung des Architekten zugrundeliegt oder der Bauherr, wäre

---

217) Vgl *Bindhardt / Jagenburg* aaO § 6 Rz 190f.

218) Vgl *Bindhardt / Jagenburg* aaO § 6 Rz 193ff.

219) Vgl *Reischauer* in *Rummel,* ABGB II Rz 2 zu § 1312.

er vom Architekten über die mit bestimmten Maßnahmen verbundenen Kostensteigerungen aufgeklärt worden, auf die Vornahme derselben oder gar auf die Durchführung des gesamten Projektes verzichtet hätte.

In der deutschen Literatur[220]) wird aus diesen Gründen eine Anrechnung dann abgelehnt, wenn der Bauherr den ihm „aufgedrängten Vermögenszuwachs" nicht tragen könne und die zur aufgedrängten Werterhöhung führenden Maßnahmen nicht notwendig gewesen seien. Hätte der Bauherr bei rechtzeitiger Kenntnis der verursachten Kostensteigerung auf die Durchführung der betreffenden Maßnahmen verzichtet, finde somit kein Vorteilsausgleich statt. Bei für die *Bauausführung notwendigen Maßnahmen* soll hingegen eine Anrechnung vorzunehmen sein, sofern der Bauherr nicht nachweist, daß er bei Kenntnis der Mehrkosten das Bauvorhaben als solches fallengelassen hätte (notwendig wären zB erhöhte Aufwendungen infolge zusätzlicher Auflagen der Baubehörde; in einem solchen Fall wird es freilich regelmäßig an einem Wertzuwachs des Bauwerkes fehlen, sodaß eine Ausgleichspflicht des Bauherrn schon aus diesem Grund ausscheidet).[221])

3.3. Die Haftung des Architekten bei mehreren Baubeteiligten

Für das Entstehen eines Bauwerkes sind in der Regel die Leistungen verschiedener Fachleute, die hinter- oder nebeneinander zu erbringen sind, erforderlich. Neben dem Architekten sind insbesondere der / die Bauunternehmer sowie die im Einzelfall erforderlichen Sonderfachleute, etwa für Statik, Vermessung, Heizung oder Versorgungseinrichtungen (vgl § 25 Abs 2 GOA) zu nennen.

Ein Mangel des Bauwerkes kann daher auf der fehlerhaften Leistung eines Baubeteiligten beruhen, ebenso aber auch auf Fehler mehrerer Baubeteiligter zurückzuführen sein.

Im Rahmen dieser Arbeit soll aus der Vielfalt der möglichen Haftungskombinationen die Haftung des Architekten im Verhältnis zu jener der bauausführenden Unternehmer einerseits und der am Bau beteiligten Sonderfachleute andererseits näher untersucht werden.

3.3.1. Haftung des Architekten mit / neben dem Bauunternehmer

Mängel des Bauwerkes können einerseits auf einer fehlerhaften Planung und / oder Koordinierung des Architekten in Verbindung mit einer

---

[220]) Vgl *Soergel* in MünchKomm BGB^2 III/1 Rz 29 zu § 650; *Bindhardt / Jagenburg* aaO § 6 Rz 195 f; *Locher* aaO Rz 282 ff.

[221]) Vgl *Bindhardt / Jagenburg* aaO § 6 Rz 196 mwN.

mangelhaften Bauausführung oder einer Warnpflichtverletzung durch den Bauunternehmer beruhen. Andererseits kann die Ursache in einem Ausführungsfehler des Bauunternehmers liegen, den der Architekt infolge mangelhafter Erfüllung seiner Aufsichtspflichten nicht entdeckt.

Die haftungsrechtlichen Konsequenzen derartiger Pflichtverletzungen im Verhältnis des Architekten bzw des Bauunternehmers zum Bauherrn sowie des Architekten und des Bauunternehmers zueinander hängen primär von den wechselseitig geschuldeten Leistungen ab.

3.3.1.1. Haftung von Architekt und Bauunternehmer im Verhältnis zum Bauherrn

3.3.1.1.1. Solidarhaftung

Bei gemeinsamer Schadenszufügung durch zwei oder mehrere Personen tritt bei *vorsätzlicher* Schädigung stets Solidarhaftung der Schädiger ein (§ 1302, 2. Satz, 1. Fall ABGB). Im Falle bloß *fahrlässiger* Schädigung verantwortet jeder Schädiger dagegen nur den durch ihn verursachten Schaden, wenn „die Anteile sich bestimmen lassen" (§ 1302, 1. Satz ABGB).

Lassen sich die Anteile der einzelnen Schädiger nicht bestimmen, dann haften alle Schädiger solidarisch, dh gesamtschuldnerisch (§ 1302, 2. Satz ABGB).

Ungeachtet ihrer Terminologie sind die §§ 1301, 1302 ABGB nicht nur auf die deliktische Haftung, sondern auch auf die *Verletzung von Vertragspflichten* durch zwei oder mehrere Schädiger anwendbar. [222])

Verletzen sowohl der Architekt als auch der Bauunternehmer eine gegenüber dem Bauherrn bestehende vertragliche Verpflichtung und ist die Pflichtverletzung jedes einzelnen als Ursache für den Schaden des Bauherrn anzusehen, ohne daß sich die Anteile des Architekten bzw des Bauunternehmers ermitteln ließen, ist entsprechend den Bestimmungen der §§ 1301, 1302 ABGB eine *Solidarhaftung* von Architekt und Bauunternehmer anzunehmen.

Fraglich könnte bei den gängigen Fallkonstellationen allenfalls das Vorliegen des — für den Eintritt der Solidarhaftung vorausgesetzten — „gemeinschaftlichen" Beitrages von Architekt und Bauunternehmer sein. Nach herrschender und richtiger Ansicht liegt „gemeinschaftliches" Handeln iSd § 1301 ABGB aber schon bei bloßer *Beteiligung an der Kausalkette* vor[223]), sodaß auch unabhängig voneinander handelnde Nebentäter solidarisch haften können.

---

[222]) Vgl *Reischauer* in *Rummel,* ABGB II Rz 5, 12 zu § 1302; *Harrer* in *Schwimann,* ABGB V Rz 18 zu §§ 1301 f.

[223]) Vgl *F. Bydlinski,* Haftung bei alternativer Kausalität, JBl 1959, 11; *Koziol,* Haftpflichtrecht^2 I 297; wohl auch *Reischauer* in *Rummel,* ABGB II Rz 2 zu § 1301.

Von der für die Solidarhaftung erforderlichen *Unbestimmbarkeit der Anteile* ist auszugehen, wenn nicht nachgewiesen werden kann, daß ein Schädiger in zurechenbarer Weise nur einen bestimmten Anteil des gesamten Schadens verursacht hat[224]). Dies wäre etwa der Fall, wenn der die örtliche Bauaufsicht führende Architekt nachweisen könnte, daß ihm eine Sorgfaltsverletzung erst zu einem Zeitpunkt vorzuwerfen wäre, in dem der Bauunternehmer zB bereits ÖNORM-widrig zumindest einen Teil der Zwischenwände mit dem falsch verrüttelten Beton gefüllt hatte.[225])

Anders als bei der Schadensaufteilung nach § 1304 oder § 896 ABGB kommt es für die Frage der Solidarhaftung von Architekt und Bauunternehmer gemäß § 1302 ABGB *nicht* darauf an, welcher *Grad an Verschulden* den einzelnen Schädiger trifft; entscheidend ist nur, ob ein Schädiger allein einen bestimmten, realen Anteil des Gesamtschadens verursacht hat.[226]) Dies wird gerade bei Schadensfällen im Baubereich oft zu verneinen sein.

In der Praxis ist es bei Vorhandensein zweier oder mehrerer potentieller Schädiger häufig üblich, vor einer allfälligen gerichtlichen Auseinandersetzung durch (technische) Sachverständige bestimmte „Schadensquoten" festlegen zu lassen.

Die dabei zur Anwendung kommenden Verfahren (zB der sog „Goldene Schnitt" von *Lüftl* oder der „Kausalitätsbaum" von *Oberndorfer*[227])) mögen einen nicht zu unterschätzenden Beitrag zur Streitvermeidung leisten; übersehen werden darf dabei jedoch nicht, daß die diversen Quotelungstechniken *mit den Grundsätzen des Schadenersatzrechts nicht vereinbar* sind. Dies gilt insbesondere für den „Goldenen Schnitt", ein rein mathematisches Verfahren, welches bei der gleichen Anzahl von Schadensverursachern *immer*, dh losgelöst von der konkreten Fallgestaltung, zu denselben Schadensquoten führt.

Insb das letztgenannte Verfahren ist daher als Hilfsmittel für die richterliche Schadensteilung *ungeeignet*, was freilich von der unterinstanzlichen Rsp nicht immer beherzigt wird. Dies gilt sowohl für die Frage der Teilbarkeit nach § 1302 ABGB — in den meisten Fällen, in der die Quotelungstechniken angewandt werden, liegt ohnehin Solidarhaftung vor — als auch für die primär nach Verschuldensanteilen zu bemessende Aufteilung gemäß §§ 896, 1304 ABGB.

Ausgehend von einer Solidarhaftung des Bauunternehmers und des Architekten für Schäden, die dem Bauherrn aufgrund eines Bauwerksmangels

---

[224]) OGH SZ 53/82; OGH 30. 11. 1988, 1 Ob 680/88; *Reischauer* in *Rummel,* ABGB II Rz 3 zu § 1302; *Koziol,* Haftpflichtrecht^2 I 298.

[225]) OGH 30. 11. 1988, 1 Ob 680/88.

[226]) Vgl *Harrer* in *Schwimann,* ABGB V Rz 2 zu §§ 1301 f.

[227]) Vgl *Oberndorfer,* SV 1989, 2 ff.

entstehen, ist nach der Art der Pflichtverletzungen des Architekten zu unterscheiden:

3.3.1.1.2. Planungs- und / oder Koordinierungsfehler des Architekten

Der Bauherr ist im Verhältnis zum Bauunternehmer nicht nur zur Bezahlung des Werklohnes, sondern auch zur Erfüllung bestimmter *Mitwirkungspflichten* gehalten. Es ist unbestritten, daß der Bauherr dem Bauunternehmer, den er mit der Ausführung des Bauvorhabens betraut hat, einwandfreie und taugliche Pläne zur Verfügung zu stellen sowie jene Anordnungen zu treffen hat, die für eine reibungslose Abwicklung des Bauvorhabens erforderlich sind.[228])

Bedient sich der Bauherr zur Erfüllung der genannten Planungs- und Koordinierungspflichten eines Architekten, so nimmt dieser im Verhältnis des Bauherrn zum Bauunternehmer die Stellung eines *Erfüllungsgehilfen* des ersteren iSd § 1313a ABGB ein. Das hat zur Folge, daß sich der Bauherr ein Verschulden des Architekten bei Erfüllung der genannten Pflichten im Verhältnis zum Bauunternehmer wie ein eigenes Verschulden anrechnen lassen muß.[229])

Der vom Bauherrn auf Schadenersatz in Anspruch genommene Bauunternehmer kann somit wegen schuldhafter Verletzung der Planungs- und / oder Koordinierungspflichten des Architekten ein *Mitverschulden des Bauherrn* iSd § 1304 ABGB einwenden.[230]) In diesem Fall entfällt in Höhe der Quote des dem Bauherrn wegen einer Pflichtverletzung des Architekten zuzurechnenden Schadens die Haftung des Bauunternehmers.

Bei gemeinsamer Inanspruchnahme von Architekt und Bauunternehmer entfällt demnach die gesamtschuldnerische Haftung des Bauunternehmers, soweit sich eine bestimmte Quote des Mitverschuldens des Bauherrn (aufgrund der Pflichtverletzung des Architekten) bestimmen läßt; in Höhe dieser Quote ist von einer *alleinigen Haftung des Architekten* gegenüber dem Bauherrn auszugehen.[231])

3.3.1.1.3. Bauaufsichtsfehler des Architekten

Hat neben einer Pflichtverletzung des Bauunternehmers ein Bauaufsichtsfehler des Architekten zum Schadenseintritt beigetragen, steht dem Bauunternehmer — im Gegensatz zu Planungs- oder Koordinierungsfehlern

---

[228]) Vgl OGH JBl 1985, 622; SZ 57/18; *Locher* aaO Rz 289; *Bindhardt / Jagenburg* aaO § 8 Rz 21 ff.

[229]) OGH HdBW V/75 mwN.

[230]) Vgl dazu allg *Reischauer* in *Rummel,* ABGB II Rz 7 zu § 1304 mwN.

[231]) Vgl *Soergel* in MünchKomm BGB^2 III/1 Rz 83 zu § 635.

des Architekten — der Einwand eines mitwirkenden Verschuldens des Bauherrn *nicht* zu. Dies hat seine Ursache darin, daß der Bauherr — sofern nicht eine gesonderte Vereinbarung vorliegt — dem Bauunternehmer gegenüber nicht zu dessen Überwachung verpflichtet ist, sondern dieser seine Leistungen in eigener Verantwortung zu erbringen hat. Beauftragt der Bauherr einen Architekten mit der örtlichen Bauaufsicht, fungiert der Architekt diesbezüglich *nicht als Erfüllungsgehilfe* des Bauherrn; eine allfällige Aufsichtspflichtverletzung des Architekten ist lediglich für das Rechtsverhältnis zwischen Bauherrn und Architekten von Relevanz. [232])

3.3.1.2. Innenausgleich zwischen Architekt und Bauunternehmer

Gemäß § 1302 ABGB bleibt demjenigen Gesamtschuldner, welcher den Schaden ersetzt hat, der *Regreßanspruch* gegen den / die anderen Schädiger vorbehalten. § 1302 ABGB enthält selbst keine Regelung hinsichtlich der Aufteilung; es ist vielmehr nach § 896 ABGB vorzugehen. [233])

Gemäß § 896 ABGB kann ein Gesamtschuldner, der mehr als den auf ihn im Innenverhältnis entfallenden Teil der Schuld bezahlt hat, gegen die übrigen Mitschuldner Regreß nehmen. Der Umfang dieses Rückgriffsrechtes richtet sich bei Schadenersatzansprüchen primär nach dem „besonderen Verhältnis" zwischen den Ersatzpflichtigen — wofür va das *Ausmaß der Beteiligung* [234]) und der *Verschuldensgrad* [235]) maßgebend sind —; subsidiär tritt Ersatzpflicht zu gleichen Teilen ein (§ 896, 1. Satz ABGB). Die Beweislast für das Vorliegen unterschiedlicher Beiträge der Gesamtschuldner zum Schaden trifft denjenigen, der sich zu seinen Gunsten darauf beruft. [236])

Hat der Architekt bzw der Bauunternehmer die Ersatzansprüche des Bauherrn befriedigt, hängt der Umfang seines Regreßanspruches gegen den anderen Gesamtschuldner vom Ausmaß der diesem vorwerfbaren Beteiligung an der Schadensentstehung ab.

Anhand der vielfältigen Möglichkeiten des Zusammentreffens von Pflichtverletzungen des Architekten und des Bauunternehmers sollen im folgenden einige generelle Aussagen zur Gewichtung der verschiedenen Schadensursachen getroffen werden; es sei jedoch darauf hingewiesen, daß im

---

[232]) Vgl OGH 3. 7. 1984, 5 Ob 607/83; *Kaiser,* Die gesamtschuldnerische Haftung des Architekten neben anderen Baubeteiligten, ZfBR 1985, 104; *Bindhardt / Jagenburg* aaO § 8 Rz 27.

[233]) OGH SZ 39/25 = EvBl 1966/279; *Reischauer* in *Rummel,* ABGB II Rz 10 zu § 1302; *Harrer* in *Schwimann,* ABGB V Rz 25 zu §§ 1301 f.

[234]) ZVR 1979/167.

[235]) SZ 45/82; ZVR 1981/256.

[236]) Vgl *Rummel* in *Rummel,* ABGB^2 I Rz 6 f zu § 896.

konkreten Einzelfall auch eine abweichende Beurteilung erforderlich sein kann.

Beim Zusammentreffen eines *Ausführungsfehlers* des Bauunternehmers mit einem *Aufsichtsfehler* des Architekten, der die mangelhafte Bauausführung nicht erkannt hat, wird häufig von einer überwiegenden Verantwortlichkeit des Bauunternehmers im Innenverhältnis ausgegangen werden können. Handelt es sich jedoch um einen schweren Pflichtenverstoß des Architekten — man denke an Ausführungsfehler des Bauunternehmers Bauabschnitte betreffend, von deren Ordnungsgemäßheit das Gelingen des gesamten Werkes abhängt oder an Ausführungsfehler, deren Behebung der Architekt trotz leichter Erkennbarkeit nicht veranlaßt — kann im Einzelfall sogar eine überwiegende Verantwortlichkeit des Architekten bestehen.

Eine allgemeine Regel des Inhaltes, daß derjenige, der einen Fehler setzt, stets die größere Schadensquote zu tragen hat als derjenige, der den Fehler „geschehen läßt" (so die dem „Goldenen Schnitt" von *Lüftl* zugrundeliegende Annahme), kann aus dem Schadenersatzrecht jedenfalls nicht abgeleitet werden. Es besteht nämlich keine generelle *gesetzliche* Pflicht, Schädigungen anderer durch eigenes Tätigwerden zu verhindern; *vertraglich* übernommene Pflichten können jedoch primär oder ausschließlich darauf gerichtet sein, Sorgfaltsverstöße Dritter zu verhindern oder rechtzeitig aufzudecken.[237]) Genau dies ist etwa bei der örtlichen Bauaufsicht der Fall.

Tritt zu einem *Planungs- oder Koordinierungsfehler* des Architekten ein *Ausführungsfehler* oder eine *Warnpflichtverletzung* des Bauunternehmers, so werden die Bauwerksmängel in vielen Fällen eine überwiegende Verantwortlichkeit des Architekten begründen. Auch in dieser Konstellation ist jedoch im Einzelfall die Schwere der zum Bauwerksmangel beitragenden Pflichtverletzung des Bauunternehmers bzw des Architekten maßgebend. So kann etwa die Kenntnis des Bauunternehmers vom Planungsmangel und die dennoch unterlassene Warnung des Bauherrn zu einer erhöhten Verantwortlichkeit des Bauunternehmers im Innenverhältnis führen.

3.3.2. Haftung des Architekten mit / neben Sonderfachleuten

Hat der Bauherr für bestimmte Aufgaben im Zusammenhang mit der Durchführung eines Bauvorhabens einen Sonderfachmann herangezogen und sind sowohl der Sonderfachmann als auch der Architekt für ein und denselben Bauwerksmangel verantwortlich, ist ebenfalls von einer *Solidarhaftung* dieser beiden Beteiligten auszugehen. Als Beispiele wären die Solidarhaftung des Architekten mit dem Statiker oder dem Vermessungsingenieur zu nennen.

---

[237]) *Koziol*, Haftpflichtrecht^2 I 100 mwN.

Die gesamtschuldnerische Haftung des Architekten bzw des Sonderfachmannes erfährt im Verhältnis zum Bauherrn insoweit eine Kürzung, als der *Sonderfachmann als Erfüllungsgehilfe* des Bauherrn im Verhältnis zum Architekten bzw der *Architekt als Erfüllungsgehilfe* des Bauherrn im Verhältnis zum Sonderfachmann anzusehen ist.[238])

So besteht etwa gegenüber dem Statiker eine Verpflichtung des Bauherrn zur Lieferung der notwendigen Angaben über Bodenbeschaffenheit oder Grundwasserverhältnisse, dem Vermessungsingenieur gegenüber eine solche zur Überlassung tauglicher Pläne. Bedient sich der Bauherr zur Erfüllung dieser Verpflichtungen eines Architekten, ist ihm ein Verschulden des Architekten auch gegenüber diesen Sonderfachleuten als eigenes Mitverschulden zuzurechnen.

Andererseits kann jedoch, insbesondere bei größeren Bauvorhaben, eine Verpflichtung des Bauherrn bestehen, dem Architekten eine einwandfreie Statik zur Verfügung zu stellen. Beruht in einem solchen Fall ein Bauwerksmangel nicht nur auf einer Fehlleistung des Architekten, sondern auch auf falschen Berechnungen des Statikers, kann der Architekt der Klage des Bauherrn den Einwand mitwirkenden Verschuldens infolge Pflichtverletzung des Statikers entgegenhalten.[239])

---

[238]) Vgl *Bindhardt / Jagenburg* aaO § 9 Rz 30 f.

[239]) Vgl *Bindhardt / Jagenburg* aaO § 8 Rz 18 ff.

VI. Die Beendigung des Architektenvertrages

1. Grundsätzliches

Als *Zielschuldverhältnis* endet der Architektenvertrag mit der vollständigen Erbringung der beiden Vertragsparteien obliegenden Leistungen. Bei Beauftragung des Architekten mit der Vollarchitektur liegt dieser Zeitpunkt nach der Schlußabnahme des Bauwerkes und nach Prüfung der Professionistenrechnungen im Rahmen der örtlichen Bauaufsicht.

Nicht unerwähnt sollen an dieser Stelle die den Architekten treffenden *nachvertraglichen Beratungs- und Tätigkeitspflichten* bei am Bauwerk auftretenden Mängeln bleiben. Der Architekt ist zu einer Mitwirkung bei der Mängelbeseitigung in Form einer Beratung des Bauherrn bzw einer Fristsetzung gegenüber den Bauunternehmern auch dann noch verpflichtet, wenn sein eigener Vertrag bereits erfüllt und beendet ist. [240]) Um diese Pflichten als Ausfluß des Architektenvertrages qualifizieren zu können, wird eine gewisse *zeitliche Nähe* zur Fertigstellung / Abnahme des Bauwerkes bzw Architektenwerkes erforderlich sein. Als Richtlinie wird davon auszugehen sein, daß den Architekten *nach Ablauf seiner eigenen Gewährleistungsfristen* keine nachvertraglichen Beratungs- und Tätigkeitspflichten dem Bauherrn gegenüber mehr treffen; wird der Architekt nach diesem Zeitpunkt noch zu einer Beratung des Bauherrn bzw einer Mitwirkung herangezogen, wird es sich dabei um — gesondert vergütungspflichtige — Zusatzleistungen handeln. [241])

2. Vorzeitige Beendigung

Von einer vorzeitigen Beendigung des Architektenvertrages ist zu sprechen, wenn es zu einer Auflösung des Vertragsverhältnisses vor vollständiger Erbringung der geschuldeten Architektenleistungen und Abnahme derselben kommt.

2.1. Der Tod eines Vertragspartners

Als Grund für eine vorzeitige Vertragsbeendigung ist neben der einvernehmlichen Aufhebung, die aufgrund der geltenden Privatautonomie jederzeit möglich ist, gemäß § 1171 ABGB zunächst der *Tod des Architekten* zu nennen. Nach der zitierten Gesetzesstelle beendet der Tod des Werkunter-

---

[240]) Vgl *Bindhardt / Jagenburg* aaO § 1 Rz 32.

[241]) Vgl *Bindhardt / Jagenburg,* ebenda.

nehmers den Werkvertrag nämlich dann, wenn die Herstellung des Werkes von den besonderen persönlichen Eigenschaften des Werkunternehmers abhängt, wobei sich diese Höchstpersönlichkeit entweder aus der Natur der Sache oder aus der Übereinkunft der Parteien ergibt.[242])

Bei Beauftragung eines bestimmten Architekten mit der Erbringung von Architektenleistungen ist in der Regel schon aus der Natur der Sache auf die einen Endigungsgrund bildende Höchstpersönlichkeit zu schließen. Beim Tod eines Architekten als Mitglied einer mit den Architektenleistungen betrauten *ARGE* in Form einer Gesellschaft bürgerlichen Rechtes wäre demgegenüber der erteilte Auftrag von den anderen ARGE-Mitgliedern weiterzuführen.

Die genannten Grundsätze sind auch für den Fall anwendbar, daß der Architekt zwar nicht stirbt, jedoch aus anderen Gründen zur Erbringung der persönlichen Leistungen unfähig geworden ist.[243])

In diesem Zusammenhang sei der Vollständigkeit halber auch auf die ab 1. 1. 1991 zugelassene *Eingetragene Erwerbsgesellschaft* (EEG; vgl oben Pkt II.5.1.) hingewiesen, bei welcher der Tod eines unbeschränkt haftenden Gesellschafters entsprechend den anzuwendenden Bestimmungen über Offene Handelsgesellschaften bzw Kommanditgesellschaften[244]) mangels abweichender Vereinbarung im Gesellschaftsvertrag zur Auflösung der Gesellschaft führt. Es kommt, sofern die verbleibenden Gesellschafter nicht eine Fortsetzung der Gesellschaft beschließen, zu deren Liquidation, wobei laufende Geschäfte von den Liquidatoren zu beenden sind. Rechte und Pflichten der Gesellschaft aus Rechtsverhältnissen mit Dritten werden durch die Auflösung an sich nicht verändert und es kann daraus idR auch kein Vertragspartner einen Anspruch auf vorzeitige Auflösung ableiten.[245]) Schließt also ein Auftraggeber den Architektenvertrag mit einer Architektenmehrheit in Form einer EEG, so führt zwar der Tod eines unbeschränkt haftenden Architekten zur Auflösung der EEG, der Auftrag wird jedoch idR von den Liquidatoren, dh von den verbleibenden Architekten, im Rahmen der Liquidation der EEG zu erfüllen sein.

Der *Tod des Bauherrn* hat demgegenüber grundsätzlich keinen Einfluß auf den Fortbestand des Architektenvertrages; es erfolgt ein Eintritt der Erben in den Vertrag.

---

[242]) Vgl *Krejci* in *Rummel,* ABGB^2 I Rz 4 zu § 1171.

[243]) Vgl *Krejci* in *Rummel,* ABGB^2 I Rz 6 zu § 1171.

[244]) Vgl § 131 Z 4 HGB und § 177 iVm § 161 Abs 2 HGB.

[245]) *Torggler / Kucsko* in *Straube,* Kommentar zum HGB, Rz 5 zu Art 7 Nr 18, § 149.

2.2. Vertragsbeendigung durch einseitige Erklärung

Besondere Bedeutung kommt in diesem Zusammenhang der vorzeitigen Vertragsbeendigung durch einseitige Erklärung zu. Grundsätzlich ist hiezu zu sagen, daß die aufgrund des Gesetzes zustehenden Auflösungsmöglichkeiten wiederum von der rechtlichen Einordnung des Architektenvertrages unter die gesetzlich vorgesehenen Vertragstypen abhängen.

Zunächst kann festgehalten werden, daß der Architektenvertrag jedenfalls ein *Zielschuldverhältnis* ist und als solches, auch wenn die Werkerstellung längere Zeit in Anspruch nimmt, *nicht gekündigt* werden kann. Der Werkbesteller, sprich Bauherr, kann zwar jederzeit die Fortsetzung der Werkerstellung untersagen, er bleibt dem Architekten jedoch gemäß § 1168 Abs 1 ABGB entgeltpflichtig.

Gerät der Architekt mit seinen Leistungen in Verzug, hat ihm der Bauherr eine angemessene Nachfrist zu setzen, nach deren fruchtlosem Verstreichen der Rücktritt nach § 918 ABGB erklärt werden kann.

Verweigert der Architekt jedoch dauerhaft und endgültig die Leistungserbringung oder wird diese aus Verschulden des Architekten oder durch einen von ihm zu vertretenden Zufall unmöglich, so steht dem Bauherrn das Recht zu, vom Vertrag ohne vorherige Nachfristsetzung[246]) zurückzutreten.

Dasselbe gilt, wenn durch eine Handlung / Unterlassung des Architekten die Aufrechterhaltung des Vertrages für den Bauherrn unzumutbar geworden, dh das Vertrauensverhältnis zerstört ist.

Bei Beurteilung des Architektenvertrages nach *Werkvertragsrecht* kommt darüber hinaus dem *Rücktrittsrecht* des Architekten gemäß § *1168 Abs 2 ABGB* besondere Bedeutung zu. Ist für die Ausführung des Werkes die Mitwirkung des Bauherrn erforderlich und kommt der Bauherr dieser *Mitwirkungsverpflichtung* nicht nach, so ist der Architekt berechtigt, dem Bauherrn zur Nachholung derselben eine angemessene Frist zu setzen mit der Erklärung, daß er bei unterlassener Nachholung innerhalb dieser Frist vom Vertrag zurücktrete. In diesem Fall ist der Architektenvertrag mit fruchtlosem Fristablauf aufgehoben und der Architekt von seiner weiteren Leistungsverpflichtung frei. Er behält jedoch den Anspruch auf Bezahlung des vereinbarten Entgelts, wobei er sich allerdings gemäß § 1168 Abs 1 ABGB *ersparte Aufwendungen* anrechnen zu lassen hat.

Weist der Architektenvertrag in seiner konkreten Vertragsgestaltung darüber hinaus bevollmächtigungsvertragliche Elemente auf, ist zu prüfen, ob eine Anwendung der in §§ 1020—1026 ABGB für den *Bevollmächtigungsvertrag* festgelegten Auflösungsgründe in Betracht kommt. Wie be-

---

[246]) *Reischauer* in *Rummel,* ABGB^2 I Rz 14 zu § 918, Rz 13 zu § 920.

reits ausgeführt (vgl oben Pkt III.2.2.2.), wird die Bestimmung des § 1020 ABGB, die die Möglichkeit des Geschäftsherrn normiert, den erteilten Auftrag jederzeit und ohne Angabe von Gründen zu widerrufen, in der Regel keine Anwendung finden, weil beim „typischen" Architektenvertrag, dh zumindest dann, wenn nicht bloß die örtliche Bauaufsicht geschuldet ist, die werkvertraglichen Elemente idR doch so weit überwiegen, daß § 1168 Abs 1 ABGB der damit nicht zu vereinbarenden Bestimmung des § 1020 ABGB[247]) vorgeht. Dies entspricht auch am ehesten der zwischen Bauherrn und Architekten — insbesondere bei größeren Bauprojekten — herrschenden Interessenlage.

Der Architekt muß nämlich bei Betreuung eines bestimmten Bauvorhabens oft beträchtliche Teile der Gesamtkapazität seines Betriebes einsetzen und ist daher zu einer vorausschauenden Auftragsplanung gezwungen. Die Annahme eines Auftrages bedingt nicht selten die Ablehnung (oder zumindest Zurückstellung) eines anderen. Bei vorzeitiger Beendigung des Vertrages durch den Bauherrn nach den Grundsätzen des § 1020 ABGB bekäme der Architekt jedoch den aus der Beendigung entstehenden Entgeltausfall nicht ersetzt, weil keine Vertragsverletzung des Bauherrn vorläge.[248])

Da die §§ 1020 und 1168 ABGB dispositiv sind, kann sich der Bauherr das Recht zum jederzeitigen und nicht begründungsbedürftigen Widerruf jedoch vertraglich ausbedingen. Eine solche Vertragsklausel ist als Abweichung von dispositivem Recht allerdings insbesondere unter dem Blickwinkel des § 879 Abs 3 ABGB zu prüfen, wenn der Bauherr AGB oder Vertragsformblätter verwendet. In besonderen Fällen mag eine solche Klausel auch sittenwidrig sein, wenn die Interessen des Architekten durch eine vorzeitige Auflösung besonders stark beeinträchtigt werden.

Weniger Bedenken begegnet eine Vereinbarung, mit der dem Bauherrn das *Recht des außerordentlichen Widerrufs* des Architektenvertrages *aus wichtigem Grund* eingeräumt wird, worunter insbesondere Verstöße gegen die Treuepflicht, Vertrauensunwürdigkeit oder sonstige gewichtige Gründe, die eine Fortsetzung des Vertrages für den Bauherrn unzumutbar machen würden, zu verstehen sind.[249]) Zwar ist der Architektenvertrag an sich kein Dauerschuldverhältnis, die Vertragspartner sind jedoch nicht gehindert, die für die vorzeitige Auflösung von Dauerschuldverhältnissen entwickelten Grundsätze eigens vertraglich zu vereinbaren. Ein gewisses Bedürfnis dafür wird jedenfalls aufgrund des relativ engen Vertrauensverhältnisses zwischen Bauherrn und Architekt sowie aufgrund der oft langen Dauer der Vertragserfüllung bestehen.

---

[247]) Vgl *Strasser* in *Rummel,* ABGB^2 I Rz 8 zu §§ 1020—1026.

[248]) Vgl *Strasser,* ebenda.

[249]) Vgl *Strasser* in *Rummel,* ABGB^2 I Rz 2ff zu §§ 1020—1026.

B. ARCHITEKTENMUSTERVERTRAG

Architektenvertrag

abgeschlossen zwischen

....

(im folgenden als Auftraggeber bezeichnet) [1])

und

....

(im folgenden als Architekt bezeichnet) [2]), [3]), [4])

wie folgt:

1) Als Auftraggeber kommen sowohl natürliche als auch juristische Personen in Betracht. Da der Architekt jedenfalls als Unternehmer im Sinne des Konsumentenschutzgesetzes (KSchG) anzusehen ist, hängt die Relevanz der zwingenden Bestimmungen des KSchG für den vorliegenden Vertrag davon ab, ob dem Auftraggeber Verbraucher- oder Unternehmereigenschaft zukommt. In aller Kürze läßt sich die erforderliche Abgrenzung dergestalt vornehmen, daß juristische Personen zumeist, natürliche Personen nur insoweit, als das Bauvorhaben zum Betrieb des Unternehmens der natürlichen Person gehört, als Unternehmer im Sinne des KSchG anzusehen sind. Soweit dem Architekten somit ein Auftraggeber, der Unternehmer im Sinne des KSchG ist, gegenübersteht, scheidet eine Anwendung der Bestimmungen des KSchG auf das jeweilige Vertragsverhältnis aus.

2) Als Auftragnehmer können sowohl Einzelarchitekten als auch Arbeitsgemeinschaften von Architekten (sog ARGE) auftreten. Eine ARGE stellt eine Gesellschaft bürgerlichen Rechts dar, deren Zweck die gemeinsame Leistungserbringung für ein (oder auch mehrere) Bauvorhaben ist. Rechtspersönlichkeit kommt der ARGE allerdings nicht zu, weshalb Vertragspartner die Gesamtheit der ARGE-Mitglieder ist. Ohne an dieser Stelle näher auf die Rechtsprobleme, die im Bereich von Arbeitsgemeinschaften auftreten können, einzugehen, erscheinen doch einige kurze Anmerkungen zur Haftung der ARGE gegenüber dem Auftraggeber angebracht. In diesem Zusammenhang stellt sich insbesondere die Frage, ob die ARGE-Mitglieder dem Auftraggeber für Schulden der Gesellschaft solidarisch, dh jeder einzelne für die Gesamtschuld, oder bloß anteilig haften. Im Gesetz ist eine Solidarhaftung vorgesehen, wenn das zugrundeliegende Geschäft zumindest für einen der Vertragspartner ein Handelsgeschäft darstellt, wobei der Betrieb eines Minderhandelsgewerbes ausreicht. Für Gesellschaften bürgerlichen Rechts, die als bloße Gelegenheitsgesellschaften, etwa in Form einer ARGE, kein Handelsgewerbe betreiben, ist eine Solidarhaftung darüber hinaus anzunehmen, wenn die Beteiligung an der ARGE für die Mitglieder zum Betrieb ihres Handelsgewerbes gehört.

Während nach allgemeinen Grundsätzen eine Solidarhaftung weiters dann bejaht wird, wenn die geschuldete Leistung unteilbar ist (vgl *Straube* in *Straube,* HGB Rz 3 f zu Art 8 Nr 1 EVHGB), wird eine solidarische Haftung der ARGE-Mitglieder von der Judikatur stets — also auch bei teilbarer Leistung — insoweit angenommen, als die Auftragserteilung mittels einheitlichen Vertrages erfolgt ist (vgl GesRZ 1989, 229).

Da im Falle der Beauftragung einer ARGE von Architekten mit der Erbringung von Architektenleistungen von einem derartigen einheitlichen Vertrag auszugehen ist, wird — ohne das Hinzutreten besonderer Umstände — eine solidarische Haftung der ARGE-Mitglieder gegenüber dem Auftraggeber anzunehmen sein.

3) Ab 1. 1. 1991 besteht ua für Angehörige freier Berufe die Möglichkeit, sich in Form einer Eingetragenen Erwerbsgesellschaft (EEG) zusammenzuschließen. Das zugrundeliegende Erwerbsgesellschaftengesetz 1990 (EGG) enthält zwar grundsätzliche Regelungen bezüglich Entstehung und Registrierung der EEG sowie hinsichtlich der anzuwendenden Rechtsvorschriften des Handelsrechts, die berufsrechtlichen Vorschriften des jeweiligen freien Berufes bedürfen jedoch einer gesonderten Anpassung. Für Architekten liegt der Entwurf einer Ziviltechnikergesetznovelle 1990 bereits vor, wird jedoch im Zeitpunkt der Abschlußarbeiten zu diesem Buch noch diskutiert (vgl dazu näher *Krejci*, EGG § 6 Rz 43 f).

Die EEG ist eine Personengesellschaft, deren Gesellschafter entweder alle unbeschränkt (sog offene Erwerbsgesellschaft) oder teilweise beschränkt, teilweise unbeschränkt (sog Kommandit-Erwerbsgesellschaft) haften. Da das EGG die Anwendung der entsprechenden Bestimmungen des Handelsrechts über die OHG bzw KG vorsieht, kann die EEG in beiden Formen als solche im Rechtsverkehr auftreten und Rechte erwerben sowie Verbindlichkeiten eingehen. Die Rechte und Pflichten aus dem vorliegenden Vertrag würden bei Abschluß desselben durch eine EEG als Auftragnehmer somit die Gesellschaft treffen, eine gesonderte Anpassung des Vertrages wäre nicht erforderlich.

4) Nach dem oben zitierten Entwurf der Ziviltechnikergesetznovelle 1990 soll auch die Möglichkeit der Errichtung von Ziviltechniker-Gesellschaften in der Rechtsform einer Kapitalgesellschaft geschaffen werden (vgl §§ 24, 24 a—j Ziviltechnikergesetz idF des Entwurfes). Auch eine Realisierung dieses Vorhabens wird an dem vorliegenden Vertrag keine grundsätzlichen Änderungen erforderlich machen.

1. Vertragsgrundlagen

1.1. Bestandteil dieses Vertrages ist der Allgemeine Teil der Gebührenordnungen für Ziviltechniker in der zum Zeitpunkt des Vertragsab-

schlusses geltenden Fassung und die GOA, Besonderer Teil, Auflage[5]) . . . ., sofern im folgenden nicht ausdrücklich anderslautende Regelungen getroffen werden.

1.2. Subsidiär finden insbesondere die gesetzlichen Vorschriften des Werkvertragsrechts (§§ 1165 ff ABGB) Anwendung[6]).

5) Es käme auch eine Vereinbarung des Allgemeinen Teiles der Gebührenordnungen für Ziviltechniker und der GOA, Besonderer Teil, in der jeweils geltenden Fassung in Betracht. Eine derartige dynamische Verweisung würde jedoch dazu führen, daß der vereinbarte Vertragsinhalt durch Änderungen der Gebührenordnungen eine im Zeitpunkt des Vertragsabschlusses nicht vorhersehbare Modifizierung erfahren könnte. Da dies unseres Erachtens dem Bedürfnis der Vertragspartner nach einer Fixierung des vereinbarten Vertragsinhaltes nicht entspricht, empfiehlt sich eine statische Verweisung in der vorgenommenen Form, wobei eine Anpassung der vereinbarten Gebühren an Erhöhungen der Gebührensätze durch die Regelung in Punkt 11.2. gewährleistet ist.

Übernimmt der Architekt als Generalplaner auch Planungsaufgaben, die ansonsten von Vermessungsingenieuren, Statikern etc durchgeführt werden, käme auch die Vereinbarung der entsprechenden Gebührenordnungen (etwa Gebührenordnung Bauwesen, Besonderer Teil Ingenieurbauwerke, Planung und örtliche Bauaufsicht, GOB-I; Besonderer Teil für statische und konstruktive Bearbeitung von Hoch-, Industrie-, Wasser- und Sonderbauten, GOB-S; Gebührenordnung Vermessungswesen, GOV) in Betracht.

6) Die ausdrückliche Festlegung einer Anwendung der gesetzlichen Vorschriften des Werkvertragsrechts empfiehlt sich, da der Architektenvertrag — je nach Art und Umfang der in Auftrag gegebenen Leistungen — mehr oder weniger stark ausgeprägte bevollmächtigungsvertragliche Elemente besitzt, die ohne entsprechende vertragliche Regelung eine Anwendung der diesbezüglichen gesetzlichen Vorschriften (§§ 1002 ff ABGB) neben bzw sogar an Stelle der Werkvertragsnormen zur Folge hätten. Dies könnte für den Architekten insb im Falle einer vorzeitigen Vertragsauflösung nachteilig sein, weil das Bevollmächtigungsvertragsrecht jedenfalls nur eine Honorierung der bis zur Vertragsauflösung erbrachten Leistungen vorsieht, während im Werkvertragsrecht bei vorzeitiger Vertragsauflösung aus Gründen auf seiten des Bauherrn der volle Honoraranspruch des Architekten — lediglich vermindert um ersparte Aufwendungen — erhalten bleibt. Die in § 1 des Allgemeinen Teiles der Gebührenordnungen für Ziviltechniker, der infolge der Vereinbarung der GOA jedenfalls Bestandteil des Architektenvertrages ist, enthaltene Aussage, daß der Ziviltechniker seine Leistungen im Rahmen eines Werkvertrages erbringt, kann uE mangels ausreichender normativer Wirkung eine diesbezügliche Vereinbarung nicht ersetzen.

2. Vertragsgegenstand

2.1. Der Architekt wird mit der Erbringung der in Punkt 3. näher umschriebenen Architektenleistungen für nachstehendes Bauvorhaben beauftragt:

....

....

2.2. Umfaßt die Beauftragung des Architekten auch die Erstellung eines Vorentwurfes, hat der Auftraggeber für Zwecke der exakten Klärung der Aufgabenstellung sowie der näheren Bestimmung und Beschreibung der vom Auftraggeber angestrebten Projektgestaltung Unterlagen zur Verfügung zu stellen, die als integrierende Bestandteile dieses Vertrages eine zielorientierte Vorentwurfsplanung ermöglichen sollen[7]). Wünscht der Auftraggeber die Beratung und Mitwirkung des Architekten in bezug auf die Erstellung dieser Unterlagen, so sind diese Leistungen als sonstige Leistungen gemäß Punkt 3.2. gesondert zu beauftragen und zu honorieren[8]).

2.3. Der Auftraggeber erklärt, daß durch die in Auftrag gegebenen Architektenleistungen und die in deren Folge durchgeführten Baumaßnahmen nicht in etwaige Rechte dinglich berechtigter Dritter eingegriffen wird, und verpflichtet sich, den Architekten gegenüber derartigen Ansprüchen schad- und klaglos zu halten[9]).

7) Mit dieser Vertragsbestimmung sollen die zwischen dem Auftraggeber und dem Architekten im Zeitpunkt des Vertragsabschlusses häufig bestehenden Unklarheiten in bezug auf die Ausgestaltung des in Auftrag gegebenen Projektes verringert werden. Im Gegensatz zur GOA enthält die deutsche Honorarordnung für Architekten und Ingenieure (kurz HOAI genannt) als eigene Teilleistung die Ermittlung der Voraussetzungen zur Lösung der Bauaufgabe durch die Planung. Diese Teilleistung wird als „Grundlagenermittlung" bezeichnet und ist der Teilleistung „Vorplanung" unmittelbar vorgeschaltet (§ 15 HOAI). Durch diese Vorgangsweise soll der Gefahr begegnet werden, daß der Architekt mangels detaillierter Informationen einen von den Vorstellungen des Auftraggebers abweichenden Vorentwurf erstellt, dessen Honorierung der Bauherr mit dem Argument verweigert, der Vorentwurf entspreche nicht seinen Intentionen bzw die geleisteten Vorarbeiten seien nach der GOA nicht zu honorieren.

8) Es wäre auch der Fall möglich, daß der Auftraggeber die erforderlichen Unterlagen bereits erstellt hat bzw ohne Mitwirkung des Architekten erstellt oder erstellen läßt. Eine gesonderte Beauftragung und Honorierung erscheint zweckmäßig, da dem Auftraggeber die Möglichkeit offensteht, den Architekten zunächst nur mit der „Grundlagenermittlung" gemäß Punkt 2.2. und erst nach Klärung und Abstimmung der beiderseitigen Vor-

stellungen zur Projektgestaltung gegebenenfalls mit der Erbringung aller bzw einzelner Teilleistungen gemäß § 34 GOA zu beauftragen.

9) Diese Bestimmung dient dem Architekten zur Absicherung gegen Ansprüche Dritter aus der Verletzung von Eigentumsrechten, Nachbarrechten, bestehenden Dienstbarkeiten und ähnlichem. Darüber hinaus sollte sich der Architekt jedoch Informationen über die Rechtsverhältnisse an dem zu gestaltenden Objekt anhand des Grundbuches verschaffen. Bei Beauftragung durch einen Miteigentümer ist zu beachten, daß nach der Rechtsprechung zu § 833 ABGB die Mehrheit der Anteile nur für die Durchführung kleinerer baulicher Veränderungen ausreicht, die nicht über den Erhaltungszweck hinausgehen. Im Regelfall wird die Beauftragung eines Architekten daher zu den „wichtigen Veränderungen" nach § 834 ABGB zählen, für deren Vornahme Einstimmigkeit bzw Zustimmung des Gerichts im Außerstreitverfahren erforderlich ist. Der mit dem bloßen Mehrheitseigentümer ohne Beiziehung der Minderheit abgeschlossene Architektenvertrag ist bis zum Vorliegen der gerichtlichen Zustimmung schwebend unwirksam (vgl OGH SZ 59/203 = JBl 1987, 445).

3. Leistungen des Architekten

Der Architekt wird mit der Erbringung nachstehender Leistungen betraut:

3.1. Teilleistungen gemäß § 34 GOA [10]):

3.1.1. Büroleistung:
Vorentwurf
Entwurf
Einreichung
Kostenberechnungsgrundlage
Ausführungs- und Detailzeichnungen
Künstlerische Oberleitung der Bauausführung
Technische und geschäftliche Oberleitung der Bauausführung

3.1.2. Örtliche Bauaufsicht

3.2. Sonstige Leistungen [11]), deren Abrechnung gemäß Punkt 11.4. nach dem Zeitaufwand*/pauschal mit nachstehenden Beträgen* erfolgt:

....
....
....

* Nichtzutreffendes streichen

10) Eine exakte Beschreibung jener Aufgaben, die vom Architekten innerhalb der einzelnen Teilleistungen zu erbringen sind, ist in der GOA vorgenommen und kann daher im Vertragstext unterbleiben. Die Differenzierung der Teilleistungen in Büroleistung einerseits und örtliche Bauaufsicht andererseits erscheint zweckmäßig, da gemäß § 33 lit a bzw lit b GOA dafür jeweils unterschiedliche Gebührentafeln zur Anwendung kommen.

Der vorliegende Mustervertrag unterstellt die Beauftragung des Architekten mit Planung und Überwachung baulicher Leistungen. Ist der Architekt anstelle dessen oder zusätzlich mit sonstigen in der GOA vorgesehenen Leistungen beauftragt, etwa Innenraumgestaltung (§ 48 GOA), Raumplanung (§§ 55, 59 GOA) oder gartengestalterischen Leistungen (§ 64 GOA), ist eine entsprechende Änderung bzw Ergänzung des Vertrages erforderlich.

11) Als sonstige Leistungen kommen neben der Grundlagenermittlung gemäß Punkt 2.2. dieses Vertrages etwa Leistungen des Architekten im Rahmen der Finanzierung des Bauvorhabens, die Erstellung von Bestandsplänen, einer Orientierungsplanung udg in Betracht.

4. Fälligkeit der Leistungen

Für die Erbringung der in Punkt 3. beschriebenen Architektenleistungen ist ein Zeitraum von . . . . vorgesehen [12]).

Die endgültigen Termine für die Erbringung der einzelnen Teilleistungen sowie die gesamte Vertragsdauer werden in einem einvernehmlich zu erstellenden Terminplan, der einen integrierenden Bestandteil dieses Vertrages bildet, festgelegt*/wie folgt festgelegt* [13]):

. . . .

. . . .

* Nichtzutreffendes streichen

12) Mit dieser Bestimmung wird ein Zeitrahmen festgelegt, der zumindest insoweit verbindlich ist, als der zu erstellende Terminplan den Rahmen nicht erheblich überschreiten darf.

13) Eine exakte Festlegung der gesamten Vertragsdauer und der Termine für die einzelnen Teilleistungen bei Vertragsabschluß wird insbesondere in Fällen, in denen der Architekt auch mit der Oberleitung der Bauausführung und/oder der örtlichen Bauaufsicht, dh mit eng an die Bauausführung geknüpften Tätigkeiten, beauftragt ist, mangels ausreichender Informationen über die beizuziehenden Professionisten und Sonderfachleute nicht möglich sein.

5. Interessenwahrung und Beratung[14])

5.1. **Der Architekt ist aufgrund des zwischen ihm und dem Auftraggeber bestehenden Treueverhältnisses zur umfassenden Wahrung der Auftraggeberinteressen sowohl in technischer als auch in wirtschaftlicher Hinsicht verpflichtet.**

Es ist ihm nicht gestattet, etwaige Vorteile, die ihm von dritter Seite für die Erfüllung der ihm übertragenen Aufgaben angeboten werden, anzunehmen. Auf andere Weise erlangte Vorteile hat er zur Gänze an den Auftraggeber herauszugeben[15]).

5.2. **Der Architekt hat den Auftraggeber über alle für die Durchführung des Bauvorhabens relevanten Umstände mit der ihm als Fachmann obliegenden Sorgfalt zu beraten und sein Fachwissen im Hinblick auf eine technisch einwandfreie und wirtschaftliche Planung und Bauausführung einzusetzen.**

5.3. **Der Architekt hat dem Auftraggeber jederzeit Auskunft über sämtliche mit dem Bauvorhaben zusammenhängende Fragen zu erteilen und die Wünsche und Anweisungen des Auftraggebers insoweit zu berücksichtigen, als dadurch nicht die dem Architekten zustehende künstlerische Gestaltungsfreiheit eine wesentliche, dem Architekten nicht mehr zumutbare Beeinträchtigung erfährt[16]).**

Hat der Architekt Bedenken hinsichtlich der Zweckmäßigkeit oder der Eignung der Auftraggeberwünsche und -anweisungen, so hat er diese dem Auftraggeber im Rahmen seiner Warn- und Aufklärungspflichten mitzuteilen[17]).

14) In Punkt 1.2. ist zwar angeordnet, daß subsidiär die Bestimmungen des Werkvertragsrechts zur Anwendung gelangen, doch gilt dies nur insoweit, als der vorliegende Vertrag nichts Abweichendes vorsieht. Sinnvollerweise orientieren sich zahlreiche der folgenden Regelungen an den §§ 1002ff ABGB, weil der Architektenvertrag, wie bereits ausführlich dargelegt, auch mehr oder weniger starke bevollmächtigungsvertragliche Elemente aufweist.

15) Das Verbot der Geschenk- bzw Provisionsannahme etwa enthält § 1013 ABGB, die Pflicht, Vorteile aus dem Geschäft an den Auftraggeber herauszugeben, ergibt sich schon aus § 1009 ABGB.

16) Eine Abstimmung der möglicherweise konträren Vorstellungen des Auftraggebers und des Architekten über wesentliche Gestaltungselemente des Bauvorhabens sollte zur Vermeidung gröberer Probleme bereits im Rahmen der Grundlagenermittlung im Sinne des Punktes 2.2. oder der Vorentwurfsplanung stattfinden. Darüber hinaus ist dem Auftraggeber zu empfehlen, sich vor Auftragserteilung an einen bestimmten Architekten über dessen persönlichen Stil, etwa anhand früherer Bauvorhaben, zu informieren. Eine

klare Entscheidung, wessen Vorstellungen beim Auftreten von Meinungsverschiedenheiten den Vorrang genießen sollten, ist nur sehr schwer zu treffen. Einerseits kann zwar der Architekt dem Auftraggeber seine Stilvorstellungen nicht aufzwingen, andererseits muß sich jedoch der Auftraggeber bewußt sein, daß jedes Werk eines Architekten dessen Handschrift trägt.

17) Von dieser Bestimmung sind Wünsche und Anweisungen des Auftraggebers umfaßt, die zu technisch bedenklichen oder unwirtschaftlichen Lösungen führen würden. Hier besteht schon aufgrund der gesetzlichen Regelung für den Werkvertrag (§ 1168a ABGB) eine Verpflichtung des Architekten zur Warnung und Aufklärung des Auftraggebers, bei deren schuldhafter Verletzung der Architekt im Falle des Mißlingens des Werkes seinen Entgeltanspruch verliert und für allfälligen weiteren Schaden ersatzpflichtig wird.

6. Verschwiegenheit

Der Architekt hat strengste Verschwiegenheit hinsichtlich aller ihm im Zuge der Planung und Bauausführung bekanntgewordenen und/oder vom Auftraggeber anvertrauten Umstände und Verhältnisse zu wahren, sofern ihn der Auftraggeber nicht von dieser Verpflichtung ausdrücklich entbindet.

7. Aufbewahrung von Unterlagen

Der Architekt hat sämtliche Originalzeichnungen und -schriftstücke ordnungsgemäß zu verwahren. Stehen die Unterlagen im Eigentum des Bauherrn, so kann dieser deren Herausgabe verlangen, sofern sie der Architekt nicht zur Erbringung seiner Leistungen benötigt. In allen anderen Fällen hat der Architekt dem Bauherrn auf dessen Verlangen Vervielfältigungen der Bauunterlagen gegen Kostenersatz gemäß Punkt 11.5. auszuhändigen.

Die Aufbewahrungspflicht endet grundsätzlich zehn Jahre nach Abnahme der Architektenleistungen, doch kann sich der Architekt während dieser Zeit durch Herausgabe der Bauunterlagen an den Auftraggeber von seiner Verwahrungspflicht befreien. [17a])

17a) Auch die GOA sieht eine Aufbewahrungsfrist von 10 Jahren vor (vgl § 44 GOA).

8. Versicherung

8.1. Der Architekt erklärt verbindlich, daß für Schäden infolge Verletzung der den Architekten nach diesem Vertrag treffenden Pflichten eine aufrechte Haftpflichtversicherung mit einer Versicherungssumme von öS . . . . und einem Selbstbehalt von öS . . . . besteht [18]**).**

8.2. Der Auftraggeber verlangt vom Architekten den Abschluß einer Zusatzversicherung (Excedentenversicherung) mit einem Deckungsumfang bis zu einer Versicherungssumme von öS . . . . Die Prämie für diese Zusatzversicherung trägt der Auftraggeber [19]).

18) Eine entsprechende Mitteilungspflicht des Architekten (Ziviltechnikers) enthält § 9 Abs 1 AT.

Derzeit besteht für Ziviltechniker eine mit der Mitgliedschaft in den jeweiligen Ingenieurkammern untrennbar verbundene Pflicht-Haftpflichtversicherung. Im Bereich der Ingenieurkammer für Wien, Nö und Bgld ist seit 1. 1. 1988 eine Versicherungssumme von öS 6,5 Mio nach einem Selbstbehalt von öS 65.000,— je Versicherungsfall vereinbart. Versicherungsnehmer ist die jeweilige Landesingenieurkammer, Versicherte sind alle staatlich befugten und beeideten Ziviltechniker mit aufrechter Befugnis, die Kammermitglied sind. Es liegt daher ein Fall der „Versicherung für fremde Rechnung" iSd §§ 74ff Versicherungsvertragsgesetz vor.

19) Da bei der bestehenden Pflicht-Haftpflichtversicherung die jeweilige Landes-Ingenieurkammer als Versicherungsnehmer auftritt, kann der einzelne Architekt den bestehenden Versicherungsschutz nur durch Abschluß einer eigenen Zusatzversicherung, die für Schadensbeträge, die über die Versicherungssumme der Kammerversicherung hinausgehen, Deckung gewährt (sog „Excedentenversicherung"), erhöhen.

9. Urheberrecht des Architekten

9.1. Das Urheberrecht und die daraus resultierenden Verwertungsrechte an den vom Architekten angefertigten Plänen, Skizzen, Modellen udg verbleiben auch nach Zahlung des Entgelts beim Architekten [20]).

Davon umfaßt sind insbesondere auch das Recht der Ausführung oder Abänderung des Bauwerks bzw des Nachbaus durch Dritte [21]).

9.2. Ist der Architekt mit den Teilleistungen Vorentwurf, Entwurf und Einreichung, nicht jedoch mit weiteren Teilleistungen beauftragt, so ist der Bauherr berechtigt*/nicht berechtigt*, die Pläne ohne weitere Mitwirkung oder Zustimmung des Architekten durch Ausführung des Bauwerkes zu verwerten [22]).

Von diesem Recht ist nur die einmalige, plan- und vertragskonforme Bauausführung umfaßt* [23]).

9.3. Der Auftraggeber ist verpflichtet, dem Architekten auch nach Beendigung des Vertrages Zutritt zum Bauwerk zwecks Information über den baulichen Zustand oder zur Anfertigung fotografischer oder sonstiger Aufnahmen zu ermöglichen, sofern nicht berechtigte Interessen des Auftraggebers entgegenstehen [24]).

9.4. **Der Architekt ist berechtigt, der Auftraggeber verpflichtet, bei Veröffentlichungen und Bekanntmachungen über das Bauwerk den Namen des Planverfassers anzugeben**[25]**.**

9.5. **Der Architekt ist berechtigt, auf der Baustelle und am Bauwerk auf seine Kosten eine die äußere Erscheinung des Bauwerkes nicht beeinträchtigende Tafel anzubringen, die ihn als Planverfasser des Bauvorhabens anführt**[26]**.**

* Nichtzutreffendes streichen

20) Diese Regelung ist insbesondere wegen des Verbleibs der Verwertungsrechte beim Architekten bedeutsam; das Urheberrecht als solches ist unter Lebenden ohnehin unübertragbar (§ 23 UrhG). Bei Fehlen einer ausdrücklichen vertraglichen Abrede ergibt sich der Umfang der dem Bauherrn übertragenen Verwertungsrechte aus dem Vertragszweck (vgl Punkt IV.1.3.2.2. im Textteil). Durch die Generalklausel des Punktes 9.1. soll zunächst klargestellt werden, daß grundsätzlich sämtliche Rechte beim Architekten verbleiben, wobei aber Ausnahmen vorgesehen sind (vgl Punkt 9.2. des Mustervertrages).

21) Durch diese Vertragsbestimmung wird die Generalklausel erläutert und um das Änderungsverbot (vgl § 21 UrhG) erweitert, das nicht zu den „Verwertungsrechten" des Urhebers gehört, sondern Ausfluß des Urheberpersönlichkeitsrechts ist.

22) Der je nach Umfang der dem Architekten in Auftrag gegebenen Teilleistungen vorgenommenen Differenzierung liegt der Gedanke zugrunde, daß der Architekt bei einem bereits ursprünglich auf die Teilleistungen Vorentwurf bis Einreichung beschränkten Auftrag möglicherweise davon ausgehen mußte, daß der Bauherr nach Vorliegen der Baubewilligung eine Ausführung des vom Architekten geplanten Bauvorhabens beabsichtigen werde. Andere Überlegungen wären anzustellen, wenn der Bauherr dem Architekten eine Beauftragung auch mit den restlichen Teilleistungen zugesagt oder in Aussicht gestellt hätte.

23) Diese Bestimmung hat zu entfallen, wenn dem Auftraggeber oben das Ausführungsrecht nicht eingeräumt wurde.

Ohne ausdrückliche Erlaubnis ist der Bauherr etwa nicht befugt, den vom Architekten für den Bau eines Reihenhauses verfaßten Plan zum Bau weiterer gleichartiger Reihenhäuser zu verwenden.

24) Diese Bestimmung trägt einem berechtigten Interesse des Architekten Rechnung; anzumerken ist jedoch, daß der Bauherr dem Architekten gegenüber nicht zur Erhaltung des Bauwerkes verpflichtet ist (vgl Punkt IV.1.4.2. im Textteil).

25) Das Recht des Architekten, als Urheber genannt zu werden, ist mit dem Urheberrecht selbst untrennbar verbunden und ergibt sich aus den Bestimmungen zum Schutz des Urheberpersönlichkeitsrechts, insbesondere dem Veröffentlichungsrecht und dem Recht der Urheberbezeichnung (§ 20 UrhG).

26) Auch diese Bestimmung ist Ausfluß des Urheberpersönlichkeitsrechts des Architekten, insbesondere des Rechts der Urheberbezeichnung (§ 20 UrhG). Fraglich könnte in diesem Zusammenhang lediglich sein, ob sich das „Signierungsrecht" des Architekten bereits in der Unterfertigung der Pläne erschöpft oder ob darüber hinaus ein derartiges Recht des Architekten auch am Bauwerk selbst besteht.

10. Vollmacht des Architekten

10.1. Dem Architekten wird hiemit im Rahmen der ihm übertragenen Leistungen gemäß Punkt 3. Vollmacht zur Vertretung des Auftraggebers gegenüber Behörden und allen Dritten, die für das Bauvorhaben Leistungen zu erbringen haben, erteilt. Von dieser Vertretungsmacht umfaßt sind alle zur Durchführung des gegenständlichen Bauvorhabens notwendigen und gewöhnlichen Vertretungshandlungen, so insbesondere die Führung der notwendigen Verhandlungen mit Behörden sowie sämtlichen mit dem Bauvorhaben befaßten Professionisten, die Kontrolle der Tätigkeit der bauausführenden Unternehmer und sonstigen Professionisten, die Erteilung von Aufträgen zur Mängelbeseitigung sowie die Ausübung des Hausrechts auf der Baustelle[27]).

10.2. Von der Vertretungsmacht umfaßt ist nicht*/auch* die Vergabe von Aufträgen an die bauausführenden Unternehmer und die zur Durchführung des Bauvorhabens erforderlichen Sonderfachleute sowie die rechtsgeschäftliche Anerkennung von Teil- oder Schlußrechnungen der bauausführenden Unternehmer und der Sonderfachleute[27]).

10.3. Die Eingehung sonstiger, dh nicht mit der Wahrnehmung der in Punkt 10.1. und 10.2. geregelten Angelegenheiten verbundener finanzieller Verpflichtungen für den Auftraggeber ist von der Vollmacht des Architekten nur dann umfaßt, wenn Gefahr im Verzug und die Zustimmung des Auftraggebers nicht rechtzeitig einzuholen ist[28]).

10.4. Der Architekt erhält vom Auftraggeber eine schriftliche Vollmachtsurkunde des in Punkt 10.1. und 10.2. festgelegten Inhaltes und ist verpflichtet, den Umfang seiner Vertretungsmacht den Be-

hörden sowie den am Bau beteiligten Professionisten auf Verlangen durch Vorlage dieser Urkunde entsprechend offenzulegen[29]).

* Nichtzutreffendes streichen

27) Die hier getroffene Regelung betrifft nur das Innenverhältnis zwischen Auftraggeber und Architekt. Dritten gegenüber erlangen die Einschränkungen der Vertretungsmacht erst durch deren entsprechende Offenlegung Wirksamkeit (vgl Punkt 10.4.). Da eine exakte positive Abgrenzung der Architektenvollmacht aufgrund der Vielzahl der vom Architekten zu besorgenden Agenden nicht zweckmäßig ist, muß auf Generalklauseln (die zur Durchführung des Bauvorhabens notwendigen und gewöhnlichen Vertretungshandlungen) zurückgegriffen und deren Konkretisierung durch die demonstrative Aufzählung bestimmter von der Vertretungsmacht umfaßter Vertretungshandlungen ermöglicht werden. Zu betonen ist in diesem Zusammenhang, daß die Judikatur die Architektenvollmacht recht großzügig in den Bereich der Verwaltervollmacht einreiht, wonach vom Auftraggeber schon aus der Tatsache, daß er sich eines Architekten bedient, vermutet wird, daß er ihn auch zu allen Handlungen bevollmächtigt hat, welche die Erbringung der übertragenen Leistungen erfordert und die gewöhnlich damit verbunden sind. Das hat zur Folge, daß der Auftraggeber im Außenverhältnis auch bei Eingehen von Zahlungsverpflichtungen durch den Architekten im Namen des Auftraggebers gebunden ist, obwohl der Abschluß von Verträgen mit Professionisten und Sonderfachleuten sowie die rechtsgeschäftliche Anerkennung von Rechnungen vertraglich ausdrücklich dem Auftraggeber vorbehalten wurde. Eine Ausnahme stellt der Fall dar, daß der Dritte die dem Architekten auferlegten Beschränkungen kannte, sie ihm offenbar auffallen mußten oder noch rechtzeitig aufgeklärt wurden. Durch eine entsprechende vertragliche Regelung steht jedoch dem Auftraggeber wegen Überschreitung der Vertretungsbefugnis zumindest ein Ersatzanspruch gegen den Architekten zu. Die Verpflichtung des Architekten zur Beachtung des Umfanges der ihm eingeräumten Befugnisse kann selbstverständlich durch Konventionalstrafen abgesichert werden.

28) Von dieser Regelung ist im wesentlichen die Setzung geeigneter Maßnahmen bei unvorhergesehenen Zwischenfällen im Zuge der Durchführung des Bauvorhabens erfaßt, etwa der plötzliche Eintritt von Grundwasser udg.

29) Im Verhältnis zum Dritten ist nur dann von einem Handeln in fremdem Namen auszugehen, wenn der Architekt offenlegt, daß er im Namen des Bauherrn tätig wird oder der Dritte dies aus den Umständen erkennen konnte; sonst ist im Zweifel ein Eigengeschäft des Architekten anzunehmen. Ist für den Dritten ersichtlich, daß der Architekt im Namen des Bauherrn auftritt, kann er, sofern aus den Umständen keine andere Annahme geboten erscheint, von einer umfassenden Bevollmächtigung des Architek-

ten durch den Auftraggeber ausgehen. Die im Innenverhältnis dem Architekten auferlegten Beschränkungen müssen dem Dritten also — etwa durch Vorweis einer entsprechenden schriftlichen Vollmacht — zur Kenntnis gebracht werden, um ihm gegenüber ihre Wirkung zu entfalten. Kommt der Architekt dieser Offenlegungsverpflichtung nicht nach, kann er dem Auftraggeber wegen Vollmachtsüberschreitung ersatzpflichtig werden.

11. Entgelt des Architekten

11.1. **Die vom Architekten erbrachten Leistungen sind vom Auftraggeber entsprechend den Bestimmungen des Allgemeinen Teiles der Gebührenordnungen für Ziviltechniker sowie der GOA, Besonderer Teil, in den gemäß Punkt 1.1. anzuwendenden Fassungen zu entlohnen.**

11.2. **Sollten sich die im Allgemeinen Teil der Gebührenordnungen für Ziviltechniker in der zum Zeitpunkt des Vertragsabschlusses geltenden Fassung festgelegte Zeitgebühr und/oder die in den Gebührentafeln der GOA, Besonderer Teil, Auflage . . . ., enthaltenen Gebührensätze während der Laufzeit dieses Vertrages ein- oder mehrmals ändern, so sind die auf die jeweilige Geltungsdauer der Gebührenvorschriften entfallenden anteiligen Leistungen des Architekten von diesem innerhalb eines Monats nach Inkrafttreten der neuen Gebührenbestimmungen durch die Bildung von Zeitabschnitten abzugrenzen [30]).**

Die Teil- und Schlußgebührennoten gemäß Punkt 14.1. und 14.2. sind in diesem Fall unter Zuordnung der für die abgegrenzten Zeitabschnitte jeweils geltenden Gebührensätze zu den einzelnen Leistungen zu erstellen.

11.3. **Zur Berechnung der mengenabhängigen Gebühren wird das Ausbauverhältnis gemäß den Bestimmungen der GOA ermittelt*/einvernehmlich mit . . . . festgelegt* [31]).**

Die vorläufigen Herstellungskosten im Sinne der GOA (dh exklusive USt) werden durch den Architekten im Wege einer überschlägigen Kostenschätzung anläßlich der Vorentwurfsplanung ermittelt*/ bis zur Schätzung der Herstellungskosten im Zuge der Erstellung der Kostenberechnungsgrundlage einvernehmlich mit S . . . . festgelegt* [32]).

11.4. **In Ermangelung mengenabhängiger Gebühren bzw Pauschalvereinbarungen sind vom Architekten erbrachte sonstige Leistungen im Sinne des Punktes 3.2. sowie Mehrleistungen im Sinne des Punktes 13. nach dem Zeitaufwand gemäß § 4 des Allgemeinen Teiles der Gebührenordnungen für Ziviltechniker [33]) anhand von Stundenbelegen zu verrechnen.**

11.5. Die dem Architekten entstehenden Nebenkosten werden vom Auftraggeber mit Ausnahme der Nebenkosten gemäß Punkt 11.6. pauschal mit einem Betrag von S . . . .*/in Höhe von . . . .% der Gebühren gemäß Punkt 11.1.*/gemäß den Bestimmungen des Allgemeinen Teiles der Gebührenordnungen in der bei Vertragsabschluß geltenden Fassung* abgegolten[34]).

Die angefallenen Nebenkosten wird der Architekt in den entsprechenden Teilgebührennoten gesondert in Rechnung stellen.

11.6. Gesonderte Verrechnung von Nebenkosten[35]):

*Nichtzutreffendes streichen

30) Die Notwendigkeit einer derartigen Gleitklausel ergibt sich vor allem bei Großbauvorhaben, die sich über mehrere Jahre oder Jahrzehnte erstrecken, da durch die Anpassung der Gebührensätze einer Änderung der wichtigsten Kostenfaktoren Rechnung getragen wird. Bei Bauwerken, deren Ausführung den Zeitraum eines Jahres nicht übersteigt, erscheint diese Bestimmung aufgrund der relativen Konstanz der zugrundeliegenden Kostengrößen entbehrlich. § 6 Abs 3 des Allgemeinen Teiles der Gebührenordnungen für Ziviltechniker kennt unter bestimmten Voraussetzungen (insb sehr lange Planungs- und Ausführungszeit, wesentliche Abweichung des Zahlungs- vom Leistungsablauf) eine Bereinigung der Gebühren von den im Zuge der Realisierung des Bauvorhabens inflationsbedingt eingetretenen Baukostensteigerungen (vgl *Rant-Rant* aaO 27). Diese „zeitliche Anpassung" der Gebühren bedarf zusätzlich zu den genannten Voraussetzungen noch einer diesbezüglichen Sondervereinbarung mit der Bundes-Ingenieurkammer, die im Zeitpunkt der Abschlußarbeiten zu diesem Buch nur für das Bundesministerium für wirtschaftliche Angelegenheiten vorlag.

31) Der Festlegung des Ausbauverhältnisses kommt als einer der beiden Bestimmungsgrößen (neben den Herstellungskosten) für die Gebührenhöhe große Bedeutung zu. Nach der GOA läßt sich das Ausbauverhältnis als Verhältnis der Kosten der Ausbauarbeiten zur Kostensumme der Rohbau- und Ausbauarbeiten ermitteln, was jedoch aufgrund der erforderlichen Kenntnis der einzelnen Kostengrößen im Zeitpunkt des Vertragsabschlusses kaum möglich sein wird. In der Praxis wird daher die einvernehmliche Festlegung des Ausbauverhältnisses bevorzugt, die unter Heranziehung der in der GOA bestimmten Typen von Bauvorhaben zugeordneten Ausbauverhältnisse erfolgen kann (zB Errichtung einfacher Werkstättengebäude 40/100, sozialer Wohnbau 60/100, Theaterbauten oder Krankenhäuser 80/100).

32) Die zur Wahl gestellte vorläufige einvernehmliche Festlegung und auch die überschlägige Schätzung der Herstellungskosten dient jeweils der

Ermittlung einer vorläufigen Rechengröße für die einzelnen Teilgebührennoten, die im Zuge der Planung und der Bauausführung laufend neu berechnet und der Abrechnung zugrundegelegt wird. Der Gesamtgebührenanspruch des Architekten ist nach Fertigstellung des Bauvorhabens auf der Grundlage der tatsächlichen Herstellungskosten zu ermitteln.

33) Gemäß § 4 des Allgemeinen Teiles der Gebührenordnungen für Ziviltechniker ergeben sich die Zeitgebühren durch Multiplikation der Zeitgrundgebühr, die von der Bundes-Ingenieurkammer jeweils durch Verordnung festgelegt wird, mit dem anzuwendenden Leistungsfaktor des § 4 Abs 3. Darin sind im Rahmen eines Ziviltechnikerbüros anfallende Leistungen in Klassen eingeteilt, denen wiederum bestimmte Leistungsfaktoren zugeordnet sind (zB haben Hilfstätigkeiten schematischer oder mechanischer Art den Leistungsfaktor 0,5, Leistungen, die aufgrund gesetzlicher Erfordernisse den persönlichen Einsatz des Ziviltechnikers bedingen, den Leistungsfaktor 2,0). Bei Multiplikation des Leistungsfaktors mit der jeweils festgelegten Zeitgrundgebühr ergibt sich die zu verrechnende Gebühr je Stunde der betreffenden Leistungsklasse.

34) An Nebenkosten sind im Allgemeinen Teil der Gebührenordnungen insbesondere Kosten von Modellerstellungen, Labor- und Modellversuchen, Vervielfältigungen von Bauunterlagen, die für den Auftraggeber oder Dritte bestimmt sind, jede Form von Gebühren und Verwaltungsabgaben, Kosten der Einrichtungen für die örtliche Bauaufsicht sowie Kosten einer zusätzlich zur Berufshaftpflichtversicherung auftragsbedingt oder über Verlangen des Auftraggebers abzuschließenden Versicherung angeführt. Eine Pauschalierung bzw prozentuelle Berechnung der Nebenkosten wird des öfteren aus Gründen der Vereinfachung vorgenommen.

35) Eine gesonderte Verrechnung wird insb bei Kostengrößen, die großen Schwankungen unterliegen können, wie etwa Laborversuchen, Modellen udg vereinbart werden.

12. Entgelt bei Verzögerung der Leistung

Ist der Architekt an der terminplangerechten Erbringung der vertraglichen Leistungen aus Umständen, die nicht vom Architekten zu vertreten sind, um mehr als . . . .%, bezogen auf die für die einzelne Teilleistung gemäß Punkt 4. vorgesehene Bearbeitungsdauer[36]), gehindert, so ist zu differenzieren:

12.1. Für über die Toleranzbreite hinausgehende[37]) Verzögerungen in der Erbringung der Teilleistungen Kostenberechnungsgrundlage sowie Ausführungs- und Detailzeichnungen gebührt dem Architekten der Ersatz der nachgewiesenen Mehrkosten[38]).

12.2. **Bei über die Toleranzbreite hinausgehenden[37]) Verzögerungen im Rahmen der Teilleistungen künstlerische Oberleitung der Bauausführung, technische und geschäftliche Oberleitung der Bauausführung sowie örtliche Bauaufsicht, hat der Architekt Anspruch auf eine pauschale Gebührenerhöhung in Form eines prozentuellen Zuschlages zu den für die betroffene(n) Teilleistung(en) ursprünglich vereinbarten Gebühren. Die Höhe des Zuschlages bestimmt sich nach dem Verhältnis der Gesamtverzögerung nach Abzug der Toleranzbreite zu der im Terminplan gemäß Punkt 4. vorgesehenen Bauausführungszeit. Ein Nachweis der verursachten Mehrkosten ist in diesem Fall nicht erforderlich.**

Bei zeitlichen Verschiebungen der Anfangs- bzw Endtermine der genannten Teilleistungen, die nicht zugleich Verlängerungen der jeweiligen Teilleistung darstellen, gebührt dem Architekten lediglich der Ersatz der nachgewiesenen verschiebungsbedingten Mehrkosten[39]).

Alternative (im Nichtbedarfsfalle zu streichen):

Ist der Architekt an der terminplangerechten Erbringung der vertraglichen Leistungen aus Umständen, die nicht vom Architekten zu vertreten sind, um mehr als . . . .%, bezogen auf die für die einzelne Teilleistung gemäß Punkt 4. vorgesehene Bearbeitungsdauer, gehindert, so gebührt dem Architekten der Ersatz der innerhalb der einzelnen Teilleistungen nachgewiesenen Mehrkosten[40]).

36) Durch Verwendung einer in Prozent ausgedrückten Toleranzbreite wird sichergestellt, daß keine Differenzierung nach der Art der geschuldeten Leistung und nach deren geplanter Dauer vorgenommen werden muß.

37) Statt dessen könnte auch eine Art „Schwellenklausel" vorgesehen werden, wonach bei Überschreitung der Toleranzgrenze die gesamte Verzögerung für den Anspruch auf Vergütung des Mehraufwandes herangezogen wird.

Welcher Variante der Vorzug zu geben ist, wird nicht zuletzt von der gewählten Toleranzbreite abhängen.

38) Es kann davon ausgegangen werden, daß die termingerechte Leistungserbringung bis zur Teilleistung Einreichung überwiegend im Einflußbereich des Architekten liegt, der die Teilleistungen Vorentwurf, Entwurf und Einreichung in der Regel auch persönlich erbringt, sodaß Mehrkosten durch zusätzlichen Büro- und Personalaufwand vernachlässigbar sind. Demgegenüber bedient sich der Architekt im Bereich der Teilleistungen Kostenberechnungsgrundlage sowie Ausführungs- und Detailzeichnungen häufig bestimmter Mitarbeiter, die ausschließlich oder überwiegend für diese Tätigkeiten beschäftigt werden und somit bei Verzögerungen in diesen Bereichen auch ohne entsprechende Beschäftigung weiter zu entlohnen sind.

Jedenfalls erscheint es bei den in Punkt 12.1. angeführten Leistungen gerechtfertigt, den Anspruch auf Vergütung des Mehraufwandes von einem speziellen Nachweis abhängig zu machen. Ersatzfähig sind nach der gewählten Regelung nur die durch die Verzögerung entstandenen Kosten; ein Gewinnaufschlag ist nicht vorgesehen (siehe aber Punkt 12.2.).

39) Im Rahmen der genannten Teilleistungen obliegen dem Architekten überwiegend zeit- und nicht erfolgsbezogene Tätigkeiten. Daraus ergibt sich, daß Verzögerungen in diesen Bereichen zwangsläufig zu erhöhten Kosten des Architekten führen. Da den in der GOA vorgesehenen Gebührensätzen durchschnittliche Leistungszeiträume zugrundegelegt sind, erscheint eine Gebührenanhebung entsprechend der Verlängerung der Inanspruchnahme des Architekten gerechtfertigt. Im Gegensatz zur Regelung in Punkt 12.1. steht dem Architekten hier ein aliquoter Zuschlag zu den Gebühren lt GOA zu, sodaß der Architekt an der Verzögerung auch verdient.

Liegt die Ursache für die Nichteinhaltung der für die genannten Teilleistungen festgelegten Termine in zeitlich vorgelagerten Verzögerungen, ist der Ersatzanspruch des Architekten auf verschiebungsbedingte Mehrkosten, etwa Vorhaltekosten für Personal, beschränkt.

40) Durch diese Vertragsklausel, die sowohl Verzögerungen als auch bloße Verschiebungen umfaßt, verschlechtert sich die Position des Architekten gegenüber der ursprünglichen Variante insofern, als der Nachweis jener Mehrkosten, die ihre Ursache in der verlängerten Leistungsbereitstellung und -erbringung durch den Architekten haben, mit erheblichen Schwierigkeiten verbunden sein kann.

13. Entgelt für Mehrleistungen

Wird die Änderung oder die wiederholte Anfertigung von Plänen nach deren Genehmigung infolge von Umständen, die nicht der Sphäre des Architekten zuzurechnen sind, erforderlich, gebührt dem Architekten eine entsprechende Vergütung seiner Mehrleistungen. Diese Vergütung bestimmt sich, sofern in § 37 GOA kein davon abweichender Verrechnungsmodus vorgesehen ist, nach dem Zeitaufwand gemäß Punkt 11.4. dieses Vertrages[41]).

41) Von dieser Regelung sollen alle Planänderungen erfaßt werden, die nicht vom Architekten zu vertreten sind, dh solche, die vom Auftraggeber veranlaßt und solche, die aufgrund „externer" Umstände, zB infolge behördlicher Auflagen, Änderung relevanter Vorschriften udg notwendig werden.

14. Fälligkeit des Entgeltanspruchs und Zahlungsmodalitäten

14.1. Der Auftraggeber verpflichtet sich, an den Architekten Teilzahlungen entsprechend dem beiliegenden Zahlungsplan bzw dem Leistungsfortschritt binnen .... nach Vorlage der jeweiligen Teilgebührennote durch den Architekten zu leisten[42]).

14.2. Die endgültige Abrechnung erfolgt in der Schlußgebührennote, welche vom Architekten nach erfolgter Erbringung der Gesamtleistung[43]) auf der Grundlage der tatsächlichen Herstellungskosten*/ der im Abrechnungszeitpunkt ermittelten bzw geschätzten Herstellungskosten*[44]) zu legen und binnen .... zur Zahlung fällig ist[45]).

*Nichtzutreffendes streichen

42) Die Abrechnung der vom Architekten erbrachten Leistungen könnte in bestimmten Zeitabschnitten (etwa monatlich) oder nach Erbringung der einzelnen Teilleistungen vorgesehen sein. Die Zahlungsfrist sollte abhängig von Umfang und Schwierigkeit der Leistungs- und Rechnungsprüfung gewählt werden.

43) Tätigkeiten, die der Architekt nach Übergabe der Schlußgebührennote und damit nach vollständiger Erbringung der vertraglich übernommenen Leistungen entfaltet, sind grundsätzlich vom Auftraggeber gesondert zu honorieren, wenn und weil sie auf einer neuen (stillschweigenden) vertraglichen Einigung beruhen. Dies gilt etwa dann, wenn der Architekt zur Überwachung von Verbesserungs- (dh Gewährleistungs-)Arbeiten diverser Professionisten herangezogen wird.

Anders verhält es sich freilich, wenn die vom Architekten entfaltete Tätigkeit von diesem selbst in Erfüllung von gegen ihn erhobener Gewährleistungs- bzw Schadenersatzansprüche geschuldet wird. So kann der Architekt, dessen örtliche Bauaufsicht mangelhaft war, zu einer (neuerlichen) Beaufsichtigung der Verbesserungsarbeiten der Professionisten verpflichtet sein.

Dafür gebührt dem Architekten selbstverständlich kein gesondertes Entgelt. Wird ein solches vertraglich vereinbart, so kommt dies einem Ausschluß der Gewährleistung gleich, der im Rahmen der Geltung des KSchG jedenfalls unwirksam, jedoch auch zwischen Unternehmern höchst bedenklich, wenn nicht sittenwidrig ist.

44) Ist der Architekt nur mit Planungsaufgaben betraut, wird eine Schlußabrechnung auf der Grundlage der tatsächlichen Herstellungskosten wegen der oft großen Zeitspanne zwischen Planung und Bauausführung un-

zweckmäßig bzw infolge Nichtrealisierung des geplanten Projektes überhaupt unmöglich sein.

45) Zur Feststellung der Fälligkeit gilt das zu Punkt 14.1. Gesagte, wobei hinsichtlich der Schlußgebührennote im Zweifel von einer längeren Prüfungsfrist auszugehen ist.

15. Aufrechnung, Zahlungsverweigerungsrecht

15.1. Will der Auftraggeber gegen fällige Entgeltansprüche des Architekten mit Schadenersatzansprüchen, insb wegen Schäden am Bauwerk, aufrechnen, so ist er verpflichtet, den eingetretenen Schaden seiner Art und der Höhe nach so weit zu konkretisieren, daß eine Zuordnung der Schäden zu den einzelnen Teilen des Bauwerkes und eine Feststellung des Schadensausmaßes möglich ist. Eine diese Voraussetzungen nicht erfüllende Aufrechnung ist unwirksam[46]).

15.2. Werden die vom Architekten geschuldeten Leistungen mangelhaft erbracht, so ist der Auftraggeber — unbeschadet eines allenfalls bestehenden Wandlungsrechts — nur zur Zurückbehaltung eines dem voraussichtlichen Behebungsaufwand entsprechenden Teiles des Entgelts berechtigt[47]).

15.3. Stellt sich nachträglich heraus, daß die erhobenen Gegenforderungen (15.1.) nicht oder nicht in der geltend gemachten Höhe bestehen oder daß die Zurückbehaltung des Entgelts (15.2.) ganz oder teilweise zu Unrecht erfolgte, so sind die unberechtigterweise nicht ausbezahlten Honorarteile mit einem Zinssatz von . . . .% p.a. ab Fälligkeit zu verzinsen[48]).

46) Es kommt in der Praxis nicht selten vor, daß der Auftraggeber die Zahlung des Architektenhonorars wegen nicht näher substantiierter Schadenersatzansprüche zur Gänze verweigert.

Die vorgeschlagene Regelung soll dem insofern vorbeugen, als es für den Auftraggeber ohne weiteres zumutbar erscheint, einen von ihm behaupteten Schaden auch näher zu konkretisieren und damit für seinen Vertragspartner (Architekten) nachvollziehbar zu machen.

Ein Verstoß gegen diese vertragliche Verpflichtung soll die Unwirksamkeit der Aufrechnungserklärung bewirken, die damit nicht zur Schuldtilgung geeignet ist. Da damit die gesetzlichen Voraussetzungen für die Aufrechnung (vgl § 1438 ABGB) verschärft werden, kann diese Klausel zwar zwischen Unternehmern gültig vereinbart werden, nicht jedoch dann, wenn der Auftraggeber Verbraucher ist. § 6 Abs 1 Z 8 KSchG versagt nämlich vertraglichen Aufrechnungsverboten und -beschränkungen zu Lasten des Verbrauchers unter anderem dann die Wirksamkeit, wenn Forderung und Verbindlichkeit in einem „rechtlichen Zusammenhang“ stehen. Dies ist bei Honorarforderungen des Architekten und vertraglichen Schadenersatzansprüchen des Bauherrn ohne Zweifel der Fall.

47) Nach der hRsp besteht das Recht zur Verweigerung der Entrichtung des vollen Entgelts nach § 1052 ABGB auch dann, wenn der Aufwand für die Behebung der vorhandenen Mängel im Verhältnis zum Gesamtentgelt relativ geringfügig ist. Die einzige Grenze bildet das Schikaneverbot.

Die Klausel im Mustervertrag soll eine „Überbesicherung“ des Auftraggebers verhindern und stellt eine gerade in Architektenverträgen bedeutsame und den Verhältnissen angemessene Regelung dar, da das nach § 1052 ABGB hinsichtlich des Gesamtentgelts zustehende Leistungsverweigerungsrecht des Auftraggebers für den unter Umständen jahrelang ohne Zwischenabrechnung tätigen Architekten bei Vorhandensein bloß geringfügiger Mängel eine unbillige Härte bedeuten kann.

Dennoch ist die Klausel in Verbraucherverträgen unwirksam, da § 6 Abs 1 Z 6 KSchG auch die bloße Einschränkung des Leistungsverweigerungsrechts verbietet.

48) Da die Aufrechnung mit bestrittenen Forderungen stets auf Risiko des Aufrechnenden erfolgt (vgl *Rummel* in *Rummel,* ABGB II Rz 1ff zu § 1439; *Krejci* in *Rummel,* ABGB II Rz 111 zu § 6 KSchG), befindet sich der Aufrechnende in Verzug, sofern die geltend gemachte Gegenforderung nicht zu Recht besteht oder die Aufrechnung sonst unwirksam war. Durch die in Punkt 15.3. getroffene Regelung wird die Höhe der Verzugszinsen vertraglich vereinbart.

Dies soll auch dann gelten, wenn der Auftraggeber entgegen Punkt 15.2. einen den Behebungsaufwand übersteigenden Teil des Entgelts einbehält, wobei ihm diesbezüglich allerdings eine gewisse Toleranzbreite zuzugestehen sein wird, da die Zuweisung des Risikos einer exakten Berechnung des Behebungsaufwandes an den Auftraggeber unbillig erscheint.

16. Mitwirkungspflichten des Auftraggebers

16.1. Der Auftraggeber ist verpflichtet, die Planungs- und Bauaufgabe nach besten Kräften zu fördern, jede seinerseits für die Leistungserbringung erforderliche Mitwirkung unverzüglich vorzunehmen und die notwendigen Entscheidungen kurzfristig zu treffen [49]).

16.2. Im Rahmen der dem Architekten übertragenen Leistungen und der ihm erteilten Vertretungsmacht wird der Auftraggeber zur Vermeidung von Widersprüchlichkeiten sämtliche Anweisungen und Erklärungen gegenüber Dritten, insbesondere gegenüber den auf der Baustelle Tätigen, zuvor mit dem Architekten abstimmen [50]).

16.3. Der Auftraggeber hat den Architekten über sämtliche die Durchführung des Bauvorhabens betreffenden wesentlichen Vorfälle zu informieren und ihn im Rahmen seiner Möglichkeiten bei Vornahme der dem Architekten obliegenden Aufgaben zu unterstützen.

49) Diese Regelung basiert auf der Mitwirkungspflicht des Werkbestellers (§ 1168 Abs 2 ABGB).

Kommt der Auftraggeber seiner Mitwirkungsverpflichtung trotz Nachfristsetzung nicht nach und behindert dadurch die Vertragserfüllung durch den Architekten, hat dieser bei Fortbestand seines Gebührenanspruches für die Gesamtleistung das Recht, den Vertrag vorzeitig aufzulösen (vgl Punkt 19.3. und 19.4.).

50) Die Einräumung einer — wenn auch umfangreichen — Vertretungsmacht an den Architekten hindert den Auftraggeber grundsätzlich nicht, auch direkt mit Dritten (zB Professionisten) in Kontakt zu treten und rechtsverbindliche Vereinbarungen zu treffen. Dies birgt allerdings die Gefahr mangelnder Koordination in sich.

Der Auftraggeber kann sich zur Vermeidung diesbezüglicher Probleme auch vertraglich dazu verpflichten, in bestimmten Bereichen selbst nicht tätig zu werden. Die Vereinbarung könnte dann dahingehend lauten, daß der Auftraggeber in den von Auftrag und Vertretungsmacht des Architekten erfaßten Bereichen Anweisungen und Erklärungen überhaupt nur über den Architekten an die am Bauvorhaben beteiligten Dritten zu erteilen bzw abzugeben berechtigt ist.

Drittwirkung entfaltet eine solche „Selbstbeschränkungsklausel" freilich nicht, dh die vom Auftraggeber in Verletzung einer derartigen Vertragsbestimmung mit Professionisten geschlossenen Verträge bzw die diesen gegenüber abgegebenen Erklärungen sind selbstverständlich gültig.

17. Gewährleistung

17.1. Die Gewährleistungsfrist für sämtliche vom Architekten erbrachten Leistungen beträgt 3 Jahre ab Vollendung der Gesamtleistung[51]).

17.2. Wird der Architekt vom Auftraggeber wegen (verschuldeter oder unverschuldeter) mangelhafter Leistungserbringung in Anspruch genommen, so hat der Architekt das Recht, binnen einer Frist von . . . . ab Anzeige des Mangels zu verlangen, neben einer Verbesserung seiner eigenen Leistungen auch die Behebung der durch die mangelhafte Leistungserbringung entstandenen Bauwerksmängel selbst zu veranlassen, sofern dies für den Auftraggeber nicht unzumutbar ist[52]).

51) Die dreijährige Gewährleistungsfrist für Architektenleistungen entspricht nach der hier vertretenen Ansicht — obwohl höchstgerichtliche Judikatur fehlt — wegen der engen Verknüpfung mit dem Bauwerk der geltenden Rechtslage.

Anderes könnte allenfalls beim bloß planenden Architekten gelten, doch erscheint auch in diesem Fall eine dreijährige Gewährleistungsfrist zumindest angemessen.

Der Fristenlauf beginnt entsprechend allgemeinen Grundsätzen mit der vollständigen Erbringung der geschuldeten Leistungen.

Im Falle der Beauftragung des Architekten mit der örtlichen Bauaufsicht bzw der technischen und geschäftlichen Oberleitung der Bauausführung bedeutet dies, daß die Gewährleistungsfrist nicht vor Fertigstellung des Bauwerkes zu laufen beginnen kann, weil dessen „Schlußabnahme" zum geschuldeten Leistungsumfang gehört (§ 34 lit g und h GOA). Beim nur mit der Planung — sei es bloß mit der Einreichplanung, sei es auch mit Ausführungs- und Detailzeichnungen — beauftragten Architekten hingegen kann es vorkommen, daß die Gewährleistungsfrist schon abgelaufen ist, ehe das Bauwerk fertiggestellt wird. Wenn auch diese Gefahr für den Bauherrn unter Zugrundelegung einer dreijährigen Frist geringer ist als bei Geltung einer sechsmonatigen Gewährleistungsfrist, kann es sich aus seiner Sicht empfehlen, den Beginn des Fristenlaufes auch in diesem Fall an die Vollendung des Bauwerkes zu koppeln.

52) Inhaltlich geht es bei dieser Bestimmung weniger um Gewährleistung als vielmehr um Schadenersatz und die Frage der „Naturalrestitution" durch den Architekten, weil dieser ja nicht die Herstellung des Bauwerkes als solchen schuldet.

Bedeutung gewinnt die gegenständliche Klausel in bezug auf die gewährleistungsrechtliche Verbesserung va durch die jüngste OGH-Rsp (vgl ecolex 1990, 279 ff) zur Geltendmachung von Mängeln nach Ablauf der Gewährleistungsfrist im Wege eines Schadenersatzanspruches. Aus dem Titel des Schadenersatzes kann der Bauherr den Verbesserungsaufwand vom Architekten nämlich auch dann begehren, wenn er letzteren nicht zur Verbesserung aufgefordert hat.

Mit der Bestimmung in Punkt 17.2. hat jedoch der Architekt auch bei Verschulden ein Recht zur „Selbstverbesserung" (vgl zur Interessenlage Punkt V.2.4.2.2. im Textteil), sofern ein derartiges Verlangen für den Bauherrn nicht unzumutbar ist. Dies könnte dann der Fall sein, wenn die vom Architekten verursachten/verschuldeten Mängel derart gravierend sind, daß der Bauherr berechtigte Zweifel an einer sachgemäßen Verbesserung durch den Architekten haben muß.

18. Haftung

18.1. **Der Architekt hat seine Leistungen nach den allgemein anerkannten Regeln der Technik und Baukunst mit der von ihm als Fachmann zu erwartenden Sorgfalt (§ 1299 ABGB) zu erbringen[53]).**

18.2. **Der Architekt haftet nur für Schäden, die dem Grunde und der Höhe nach von seiner gesetzlichen Berufshaftpflichtversicherung bzw der vereinbarten Excedentenversicherung (Punkt 8.2.) gedeckt sind. Für nicht versicherte Schäden haftet der Architekt nur bei Vorsatz oder kraß grober Fahrlässigkeit[54]).**

Alternative (im Nichtbedarfsfalle zu streichen):

Hält der Architekt die im Terminplan pönalisierten Termine aus grobem Verschulden nicht ein, wird ein Pönale in Höhe von ....% je Kalendertag des Verzuges, höchstens jedoch ....% des in Punkt 11. vereinbarten Honorars (exkl USt) für die vom Verzug betroffene Leistung fällig. Die Geltendmachung weiterer Schadenersatzansprüche wegen verspäteter Erfüllung ist jedoch ausgeschlossen[55]).

53) Diese Bestimmung enthält eine Selbstverständlichkeit. Es kann nicht zweifelhaft sein, daß der Architekt als Sachverständiger dem Haftungsmaßstab des § 1299 ABGB unterliegt.

54) Die Gestaltungsmöglichkeiten hinsichtlich einer Beschränkung der Architektenhaftung hängen vor allem davon ab, ob auf den Vertrag das KSchG anzuwenden ist. Die hier gewählte Regelung ist nicht KSchGkonform, weil nach dessen § 6 Abs 1 Z 9 nur der Ausschluß oder die Beschränkung der Haftung für leichte Fahrlässigkeit prinzipiell zulässig ist (dazu vgl *Krejci* in *Rummel*, ABGB II^2 Rz 116ff zu § 6 KSchG).

Im Rahmen des Deckungsumfanges der bestehenden Berufshaftpflichtversicherung entfällt ohnehin eine Belastung des Architekten. Da diese Versicherung aber nicht alle Risken und nicht in unbeschränkter Höhe übernimmt, besteht — vor allem bei Großprojekten — ein verständliches Interesse des Architekten an einer Haftungsbegrenzung auch bei grober Fahrlässigkeit. Die vorliegende, nur im Fall des Vertragsabschlusses mit einem Unternehmer anwendbare Haftungsbegrenzung berücksichtigt die jüngeren Entscheidungen des Obersten Gerichtshofes. Darin heißt es differenzierend, daß auch für grobe Fahrlässigkeit ein Haftungsausschluß vereinbart werden könne, er sei aber soweit sittenwidrig, als die unterlaufene Fahrlässigkeit so kraß ist, daß mit einem derartigen Verhalten nach den Erfahrungen des täglichen Lebens und nach der redlichen Verkehrsübung nicht gerechnet werden kann, sodaß die grobe Fahrlässigkeit dem Vorsatz gleichzustellen ist (vgl *Krejci* in *Rummel*, ABGB I^2 Rz 115 zu § 879).

55) Die vorliegende, ebenfalls nur bei Vertragsabschluß mit einem Unternehmer wirksame Pönaleregelung sollte herangezogen werden, wenn der Auftraggeber den umfassenden Haftungsausschluß gemäß Punkt 18.2. nicht akzeptiert. Zudem sollte nach Möglichkeit nur der vereinbarte Endtermin pönalisiert werden.

Der Ausschluß weiterer Schadenersatzansprüche ist bei Vorsatz oder kraß grober Fahrlässigkeit unwirksam.

19. Vorzeitige Vertragsbeendigung durch außerordentliche Kündigung

19.1. Die einseitige vorzeitige Auflösung dieses Vertrages ist aus wichtigem Grund, der einem der Vertragspartner eine Fortsetzung des Vertragsverhältnisses unzumutbar machen würde, möglich[56]).

19.2. Als wichtiger Grund, der den Auftraggeber zu einer vorzeitigen Vertragsauflösung berechtigt, ist insbesondere fortgesetztes treuwidriges Verhalten des Architekten, (verschuldeter oder unverschuldeter) Verzug des Architekten mit der Leistungserbringung trotz Nachfristung seitens des Auftraggebers sowie die Eröffnung eines Insolvenzverfahrens über das Vermögen des Architekten anzusehen[57]).

19.3. Als wichtiger Grund, der den Architekten zu einer Vertragsauflösung berechtigt, ist insbesondere fortgesetztes treuwidriges Verhalten des Auftraggebers, das Unterbleiben einer für die Leistungserbringung erforderlichen Mitwirkung des Auftraggebers trotz Nachfristsetzung, die Nichtzahlung des vereinbarten Entgelts durch den Auftraggeber trotz Fälligkeit und entsprechender Mahnung sowie die Eröffnung eines Insolvenzverfahrens über das Vermögen des Auftraggebers anzusehen[58]).

Die Rechte des Architekten aus § 1052 ABGB bleiben davon unberührt[59]).

19.4. Ist der wichtige Grund für die vorzeitige Vertragsauflösung der Sphäre des Auftraggebers zuzurechnen, so gebührt dem Architekten das gesamte vereinbarte Entgelt unter Abzug der ersparten Aufwendungen bzw des anderweitigen Erwerbs, wofür pauschal ein Satz von 40% des Entgelts für die bis zum Tage der Vertragsauflösung noch nicht erbrachten Architektenleistungen fest gelegt wird[60]).

19.5. Liegt hingegen der zur vorzeitigen Vertragsauflösung berechtigende Grund in der Sphäre des Architekten, steht ihm ein Entgeltanspruch

nur für die bis zum Tage der Vertragsauflösung bereits erbrachten und für den Auftraggeber nützlichen Leistungen zu[61]).

19.6. Davon unberührt bleibt der jedem Vertragspartner gegen den anderen Teil wegen dessen Verschulden an der vorzeitigen Vertragsauflösung nach den einschlägigen gesetzlichen Vorschriften zustehende Schadenersatzanspruch[62]).

19.7. In jenen Fällen, in denen eine Ausführung des Werkes aus anderen als den in Punkt 19.1. bis 19.3. geregelten Gründen unterbleibt, gilt § 1168 Absatz 1 ABGB[63]).

56) Diese Vertragsklausel bedeutet keine erhebliche Abweichung von den gesetzlichen Rücktrittsmöglichkeiten des § 918 ABGB; sie trägt durch Bezugnahme auf das Kriterium der (Un-)Zumutbarkeit jedoch dem Umstand Rechnung, daß der zwischen Bauherrn und Architekten geschlossene Vertrag oft mehr oder weniger starke Züge eines Dauerschuldverhältnisses in sich trägt (so insbesondere bei Betrauung des Architekten mit der Oberleitung der Bauausführung und/oder mit der örtlichen Bauaufsicht). Bei Dauerschuldverhältnissen ist anerkanntermaßen die Unzumutbarkeit der Aufrechterhaltung der vertraglichen Beziehungen das wesentliche Kriterium für eine vorzeitige Vertragsauflösung (vgl *Koziol/Welser,* Grundriß des bürgerlichen Rechts[8] 187f).

57) Diese — bloß demonstrative — Aufzählung enthält „übliche" und sich im wesentlichen ohnehin aus dem positiven Recht (vgl § 918 ABGB) bzw dem Grundsatz der vorzeitigen Auflösbarkeit von Dauerschuldverhältnissen aus wichtigem Grund ergebende Auflösungsgründe.

58) Vgl Anm[56]).

59) Gemäß § 1052, 2. Satz ABGB ist auch der vorausleistungspflichtige Vertragspartner berechtigt, seine Leistung bis zur Bewirkung bzw Sicherstellung der Gegenleistung zurückzuhalten, wenn sich die Vermögensverhältnisse des Vertragspartners seit Vertragsabschluß stark verschlechtert haben. Das bedeutet, daß der Architekt nicht verpflichtet ist, seine Leistungen bis zur Eröffnung eines Insolvenzverfahrens über das Vermögen des Auftraggebers zu erbringen, wenn bereits zuvor die Bezahlung seines Entgelts zweifelhaft wird.

60) Obwohl die vorzeitige Auflösung des Architektenvertrages als eines Werk- bzw Bevollmächtigungsvertrages der Sache nach ein Rücktritt iSd § 918 ABGB ist, der kraft Gesetzes ex tunc wirkt, dh den Vertrag rückwirkend wegfallen läßt, erscheint es angesichts der Besonderheiten der vertraglichen Beziehungen zwischen Bauherrn und Architekten geboten, die vorzeitige Auflösung mit ex nunc-Wirkung auszustatten, wodurch der bis zur Vertragsauflösung vorgenommene Leistungsaustausch aufrecht bleibt. Dies erscheint schon deshalb zweckmäßig, weil sich die Erbringung der vertragli-

chen Gesamtleistung durch den Architekten — anders als etwa bei einem Kaufvertrag — nicht auf einmal, sondern in Etappen bzw fortlaufend vollzieht.

Der Entgeltanspruch nach Punkt 19.4. des Mustervertrages folgt der Regelung des § 1168 Abs 1 ABGB, der an sich nur das Problem der Tragung der Preisgefahr bei „Untergang“ des Werkes, dh bei dessen endgültigem Unterbleiben regelt (vgl *Krejci* in *Rummel,* ABGB I^2 Rz 1 zu § 1168). Der — um die Anrechnungsquote gekürzte — Entgeltanspruch setzt kein Verschulden des anderen Teiles, sondern nur eine Zurechnung des wichtigen Grundes zu seiner „Sphäre“ voraus (zB lang andauernde Krankheit des Auftraggebers, die diesen an einer Erfüllung seiner Mitwirkungspflichten hindert).

Die Pauschalierung der anzurechnenden Ersparnis bzw des anderweitigen Verdienstes empfiehlt sich, da der Nachweis der tatsächlichen Höhe im Streitfall für den Auftraggeber, den dafür nach allgemeinen Vorschriften die Beweislast trifft, nahezu unmöglich sein wird. Die vorgeschlagene Quote von 40% des Entgelts für die noch nicht erbrachten Architektenleistungen beruht auf einer Schätzung der Bundes-Ingenieurkammer, die wiederum auf dem durchschnittlichen Kostengefüge eines Architekturbüros basiert.

61) Auch nach allgemeinem Zivilrecht wäre der Auftraggeber selbst bei einer vom Architekten verschuldeten Vertragsauflösung verpflichtet, die vom Architekten bereits erbrachten Leistungen, zu deren realer Rückgabe der Auftraggeber nicht imstande ist und die ihm nützlich sind, zu vergüten. Die in Punkt 19.5. getroffene Regelung, die wiederum auf einer Vertragsauflösung mit ex nunc-Wirkung beruht, führt im Resultat zum gleichen Ergebnis.

62) Diese Bestimmung enthält Selbstverständliches. Der Auftraggeber, dessen Architekt durch sorgfaltswidriges Verhalten die termingerechte Fertigstellung des Bauwerkes verhindert hat, ist zwar kraft der in Punkt 19.5. getroffenenRegelung verpflichtet, die schon erbrachten und nützlichen Leistungen des Architekten abzugelten, kann aber selbstverständlich dagegen mit einem allfälligen Schadenersatzanspruch (zB Anmietung eines Ersatzobjektes) — nach Maßgabe des Punktes 15.1. — aufrechnen.

63) Durch die Bestimmungen in Punkt 19.1. bis 19.6. wird an sich eine Regelung getroffen, die die für die vorzeitige Auflösung von Dauerschuldverhältnissen geltenden Grundsätze auf das Zielschuldverhältnis Architektenvertrag anwendet.

Davon nicht erfaßt sind aber jene Fälle, in denen ein — die Unzumutbarkeit der Vertragsfortführung begründender — Auflösungsgrund gar nicht besteht, die Fertigstellung des Werkes aber dennoch unterbleibt. Ein solcher Fall liegt insbesondere auch dann vor, wenn der Auftraggeber grundlos die „Vertragsauflösung“ erklärt bzw mitteilt, die Dienste des Architekten nicht weiter in Anspruch zu nehmen. Bei dieser Sachlage gilt

§ 1168 Abs 1 ABGB, dh der Auftraggeber hat an den Architekten das volle Honorar unter Anrechnung der Ersparnis bzw eines anderweitigen Verdienstes zu bezahlen. Eine „Pauschalierung“, wie in Punkt 19.4. zu Gunsten des Auftraggebers vorgesehen, erscheint in einem solchen Fall als nicht angemessen.

§ 1168 Abs 1 ABGB gilt allerdings auch, wenn die Ausführung des Werkes ohne eine darauf gerichtete Willenserklärung eines Vertragsteiles unterbleibt (zB technische Unmöglichkeit, behördliche Maßnahmen etc).

20. Verjährung von Ansprüchen

Soweit der Architekt wegen Schadenersatzansprüchen des Auftraggebers solidarisch mit anderen an der Realisierung des Bauvorhabens beteiligten Personen haftet, verjähren die Ansprüche gegen den Architekten spätestens in jenem Zeitpunkt, in dem auch die Ansprüche gegen einen oder mehrere Solidarschuldner verjähren. Maßgebend ist die kürzeste zwischen dem Auftraggeber und einem der Solidarschuldner geltende Frist[64]).

64) Mit dieser Regelung soll verhindert werden, daß der Auftraggeber Ansprüche wegen Schäden, für die Architekt und Bauunternehmer solidarisch haften, bloß gegen den ersteren geltend machen kann, weil die Ansprüche gegen letzteren bereits verjährt sind. In einem solchen Fall stünde dem Architekten nach erfolgter Leistung an den Auftraggeber auch kein Regreßanspruch gegen den Bauunternehmer nach § 896 ABGB zu, weil es infolge Verjährung an der dafür nötigen Solidarhaftung von Architekt und Bauunternehmer fehlt.

21. Schieds- und Gerichtsstandvereinbarung[65])

21.1. Zur Entscheidung über sämtliche sich aus dem vorliegenden Vertrag zwischen den Vertragsteilen ergebende Rechtsstreitigkeiten ist unter Ausschluß der ordentlichen Gerichtsbarkeit primär ein zu diesem Zwecke im Einzelfall zusammentretendes Schiedsgericht berufen. Die Entscheidung des Schiedsgerichtes ist endgültig und für beide Vertragsteile bindend[66]).

21.2. Das Schiedsgericht setzt sich aus drei Schiedsrichtern zusammen. Der Vertragsteil, der die Anrufung des Schiedsgerichtes beabsich-

binnen 14 Tagen nach Aufforderung mittels eingeschriebenen Briefes durch den anderen Vertragsteil aus, so ist über Ersuchen des letzteren auch der Ersatzschiedsrichter vom Präsidenten der Rechtsanwaltskammer für . . . . zu bestellen.

21.4. Für Zwecke der Schiedsrichterbestellung sind mehrere Personen auf einer Vertragsseite (zB Architekten — ARGE) als ein Vertragsteil zu betrachten und haben sich als solcher untereinander auf einen Schiedsrichter zu einigen. Mangels Einigung erfolgt die Bestellung des jeweiligen Schiedsrichters über Ersuchen des anderen Vertragsteils ebenfalls durch den Präsidenten der Rechtsanwaltskammer für . . . .

21.5. Der Sitz des Schiedsgerichtes wird vom Vorsitzenden bestimmt. Das Schiedsgericht entscheidet mit Stimmenmehrheit.

21.6. Ansonsten finden auf diese Schiedsvereinbarung die §§ 577ff ZPO Anwendung.

21.7. Sollte das Schiedsgericht, aus welchen Gründen immer, nicht zustandekommen oder einer Klage auf Aufhebung des Schiedsspruches stattgegeben werden, ist für alle aus dem gegenständlichen Vertrag resultierenden Streitigkeiten ausschließlich das sachlich zuständige Gericht in . . . . zuständig[66]).

64) Da Schiedsvereinbarung und Gerichtsstandklausel einander ausschließen, sieht die getroffene Regelung die Geltung der Gerichtsstandvereinbarung nur in Fällen vor, in denen keine Erledigung der Streitsache durch das Schiedsgericht stattfindet. Nach Stattgebung einer Klage auf Aufhebung des Schiedsspruches könnte auch weiterhin die Zuständigkeit des Schiedsgerichtes vereinbart werden, doch erscheint die vorliegende Regelung angesichts der schweren Verstöße, die die Voraussetzung für eine Aufhebung des Schiedsspruches darstellen, den Umständen entsprechender.

IdR bietet das schiedsgerichtliche Verfahren gegenüber dem Gerichtsverfahren den Vorteil rascherer Durchführung, sofern nicht — was in der Praxis jedoch durchaus vorkommt — Unstimmigkeiten bei der Auswahl der Schiedsrichter entstehen.

Andererseits handelt es sich beim Schiedsverfahren um ein wesentlich kostspieligeres Verfahren, da sämtliche Mitglieder des Schiedsgerichtes angemessen zu entlohnen sind, während im gerichtlichen Verfahren bloß die Pauschalgebühr anfällt. Hinsichtlich der Anwaltskosten bestehen zwischen den beiden Verfahrensarten keine Unterschiede.

Während der Schiedsspruch idR keinem Instanzenzug unterliegt, bietet das Gerichtsverfahren wegen seines zumindest zwei-, oft aber auch dreigliedrigen Instanzenzuges eine höhere Richtigkeitsgewähr.

einbarung nur in Fällen vor, in denen keine Erledigung der Streitsache durch das Schiedsgericht stattfindet. Nach Stattgebung einer Klage auf Aufhebung des Schiedsspruches könnte auch weiterhin die Zuständigkeit des Schiedsgerichtes vereinbart werden, doch erscheint die vorliegende Regelung angesichts der schweren Verstöße, die die Voraussetzung für eine Aufhebung des Schiedsspruches darstellen, den Umständen entsprechender.

IdR bietet das schiedsgerichtliche Verfahren gegenüber dem Gerichtsverfahren den Vorteil rascherer Durchführung, sofern nicht — was in der Praxis jedoch durchaus vorkommt — Unstimmigkeiten bei der Auswahl der Schiedsrichter entstehen.

Andererseits handelt es sich beim Schiedsverfahren um ein wesentlich kostspieligeres Verfahren, da sämtliche Mitglieder des Schiedsgerichtes angemessen zu entlohnen sind, während im gerichtlichen Verfahren bloß die Pauschalgebühr anfällt. Hinsichtlich der Anwaltskosten bestehen zwischen den beiden Verfahrensarten keine Unterschiede.

Während der Schiedsspruch idR keinem Instanzenzug unterliegt, bietet das Gerichtsverfahren wegen seines zumindest zwei-, oft aber auch dreigliedrigen Instanzenzuges eine höhere Richtigkeitsgewähr.

Dem Schiedsverfahren wird insbesondere in Angelegenheiten, in denen eine zu große Publizität unerwünscht ist, der Vorzug zu geben sein, weil es nicht öffentich ist und damit dritte Personen (zB Journalisten) kein Teilnahmerecht haben.

66) Diese Bindungswirkung des Schiedsspruches kann nur im Wege der Einbringung einer Aufhebungsklage nach § 595 ZPO beseitigt werden. Die Aufhebungsklage kommt nur bei bestimmten, im Gesetz näher geregelten groben Form- oder Inhaltsmängeln in Betracht (zB Verletzung des rechtlichen Gehörs, ungerechtfertigte Zurückweisung eines gegen einen Schiedsrichter gerichteten Ablehnungsantrages, Unvereinbarkeit des Schiedsspruches mit den Grundwertungen der österreichischen Rechtsordnung etc). Da im Gesetz ausdrücklich die zwingende Natur der Vorschriften über die Aufhebungsklage verankert ist (§ 598 Abs 1 ZPO), können die Vertragspartner weder die Einbringung einer Aufhebungsklage gegen den Schiedsspruch für unzulässig erklären noch darauf vorweg verzichten.

67) Diese Vertragsbestimmung stellt eine Zuständigkeitsvereinbarung gemäß § 104 Abs 1 JN dar, mit welcher alle sonstigen Gerichtsstände ausgeschlossen werden.

Handelt es sich beim Auftraggeber um einen Verbraucher iSd KSchG, der im Inland seinen Wohnsitz oder gewöhnlichen Aufenthalt hat oder im Inland beschäftigt ist, kann für eine Klage gegen ihn nur die Zuständigkeit eines Gerichtes vereinbart werden, in dessen Sprengel sich sein Wohnsitz, sein gewöhnlicher Aufenthalt oder sein Beschäftigungsort befindet (§ 14 Abs 1 KSchG).

22. Rechtswahl

Auf diesen Vertrag findet österreichisches Recht Anwendung. Dies gilt auch für die Ausfüllung von Lücken und für die Frage der Wirksamkeit der von den Vertragspartnern getroffenen Vereinbarungen[68]).

68) Der getroffenen Regelung kommt in Fällen Bedeutung zu, in denen einer der Vertragspartner seinen Sitz im Ausland hat, da bei Streitigkeiten vor einem österreichischen Gericht dieses grundsätzlich österreichisches internationales Privatrecht anzuwenden hat. Danach ist dem Recht jenes Staates der Vorrang zu geben, in dem der die nicht in Geld bestehende Leistung erbringende Vertragsteil seinen Sitz hat (§ 36 IPRG). Bei Architektenverträgen wäre somit der Architekt jener Vertragsteil, dessen Sitz über die Anwendung österreichischen bzw ausländischen Rechts entscheiden würde.

Mit der Rechtswahlklausel wird klargestellt, daß auf den vorliegenden Vertrag jedenfalls, dh auch bei Auslandsbezogenheit bzw Streitigkeiten vor einem ausländischen Gericht, österreichisches Recht anzuwenden ist.

23. Schlußbestimmungen

23.1. Sollten einzelne Bestimmungen dieses Vertrages ganz oder teilweise ungültig sein, so berührt dies die Gültigkeit der übrigen Bestimmungen nicht. Die ungültigen Bestimmungen sind durch diesen im wirtschaftlichen Ergebnis möglichst nahekommende Bestimmungen zu ersetzen.

23.2. Mündliche Nebenabreden zu diesem Vertrag wurden nicht getroffen.

Die Vertragsteile vereinbaren, daß alle Ergänzungen oder Änderungen dieses Vertrages der Schriftform bedürfen. Dies gilt auch für ein Abgehen vom Schriftformerfordernis selbst[69]).

23.3. Dieser Vertrag wird in zwei Ausfertigungen errichtet, von denen jeder Vertragsteil eine erhält.

69) Die Schriftformklausel ist üblich, sie bietet freilich keine ausreichende Sicherheit vor der Behauptung mündlicher Vertragsergänzungen durch einen Vertragsteil, weil die Parteien von einer — freiwillig gewählten — Schriftform jederzeit einvernehmlich (auch mündlich) wieder abgehen können. Es hat jedoch derjenige, der sich auf eine mündliche Abmachung beruft, zu beweisen, daß die Vertragspartner mit dieser gleichzeitig von der gewählten Schriftform abgehen wollten (vgl *Rummel* in *Rummel,* ABGB I^2 Rz 3 zu § 884 ABGB).

Literaturverzeichnis

In der Folge sind die wichtigsten österreichischen und deutschen Werke und Beiträge zum Architektenvertrag und damit verbundenen Fragen angeführt. Die Literaturübersicht stellt nur eine Auswahl dar, die schwerpunktartig vor allem auf die dargestellten Bereiche Bezug nimmt. Verwendete allgemeine Kommentare zum österreichischen bzw deutschen Zivil- und Handelsrecht wurden neben der Anführung im Text nicht mehr gesondert erwähnt.

Barnickel, Die Rechtsnatur des Architektenvertrages, BauR 1979, 202

Beigel, Praxisbewährte Musterverträge für Architekten (1980)

Beigel, Urheberrecht des Architekten: Erläuterungen anhand der Rechtsprechung (1984)

Bindhardt/Jagenburg, Die Haftung des Architekten[8] (1981)

Bydlinski, F., Haftung bei alternativer Kausalität, JBl 1959, 11

Bydlinski, P., Zum Beginn des Fristenlaufs im Gewährleistungsrecht, RdW 1986, 235

Fischer, Die Regeln der Technik im Bauvertragsrecht (1985)

Frikell/Glatzel/Hofmann, Bauvertragsklauseln und AGB-Gesetz, Hinweise und Beispiele zur Überprüfung von Bauverträgen (1979)

von Gamm, Der Architekt und sein Werk, ZfBR 1982, 100

Glaser, Das Architektenwerk in der Praxis[2] (1971)

Häring, Der Architektenvertrag und seine Rechtsprobleme (1969)

Herding/Schmalzl, Vertragsgestaltung und Haftung im Bauwesen[2] (1966)

Hess, Die Haftung des Architekten für Mängel des errichteten Bauwerks (1966)

Hesse/Korbion/Mantscheff, Kommentar zur HOAI[2] (1983)

Ingenstau/Korbion, VOB-Kommentar[10] (1984)

Iro, Die Warnpflicht des Werkunternehmers, ÖJZ 1983, 505 ff

Kaiser, Die gesamtschuldnerische Haftung des Architekten neben anderen Baubeteiligten, Zeitschrift für deutsches und internationales Baurecht (ZfBR) 1985, 104

Korinek/Krejci (Hrsg), Handbuch des Bau- und Wohnungsrechts II (1988)

Koeble, Gewährleistung und Beweissicherung bei Bausachen (1988)

Koziol, Haftpflichtrecht[2] I (1980)

Koziol, Die Grenzen des Zurückbehaltungsrechts bei nicht gehöriger Erfüllung, ÖJZ 1985, 737

Krejci (Hrsg), Das Recht der Arbeitsgemeinschaften in der Bauwirtschaft (1979)

Krejci (Hrsg), Handbuch zum KSchG (1981)

Krejci, Über die neuen ÖNORMEN zum Bauwerksvertrag, Festschrift *Wenger* (1984) 607

Krejci, Die Bedeutung der Regeln der Technik im Bauvertragsrecht, Festschrift *Kralik* (1986) 435
Krejci, Die bauvertragliche Pflicht zur Baugrundrisikotragung, WBl 1988, 425
Krejci, Die bauvertragliche Pflicht zur Baugrundprüfung, WBl 1989, 259
Krejci, Die Eingetragene Erwerbsgesellschaft, ecolex 1990, 351
Krejci, EGG (1991)
Kucsko, Die Freiheit des Straßenbildes, in: *Schönherr* — Gedenkschrift (1986)
Kühne (Hrsg), Rechtsfragen des Bauvertrages (1978)
Kühne (Hrsg), Leistungsbestimmung im Bauvertrag (1979)
Kurschel, Die Gewährleistung beim Werkvertrag (1989)
Kurschel, Schadenersatz statt Gewährleistung, Anm zu OGH 7. 3. 1990, 1 Ob 536/90, ecolex 1990, 279 ff
Larcher, Die neuen ÖNORMEN des Verdingungswesens A 2060 und B 2110, RdW 1984, 166 ff
Locher, Das private Baurecht[4] (1988)
Marburger, Die Regeln der Technik im Recht (1979)
Medicus, Mängelhaftung trotz Beachtung der anerkannten Regeln der Technik beim Bauvertrag nach der VOB/B ? ZfBR 1984, 155
Neuenfeld, Handbuch des Architektenrechts (1975)
Neuenfeld, Architekt und Recht (1977)
Oberndorfer, Der Kausalitätsbaum — ein Beitrag zur Quotelung von Schadenersatzansprüchen am Bau, SV 1989, 2 ff
Pott/Dahlhoff, Honorarordnung für Architekten und Ingenieure[4] (1985)
Pott/Frieling, Vertragsrecht für Architekten und Bauingenieure (1979)
Rant/Rant, Gebührenordnungen für Ziviltechniker, Allgemeiner Teil (1988)
Roth/Gaber, Kommentar zum Vertragsrecht und zur Gebührenordnung für Architekten[11] (1974)
Schmalzl, Die Gewährleistungsansprüche des Bauherrn gegen den Architekten, NJW 1967, 11
Schmalzl, Die Haftung des Architekten und des Bauunternehmers[4] (1980)
Schwimann/Mell, Grundriß des Baurechts (1980)
Siegburg, Gewährleistung beim Bauvertrag (1987)
Straube, Technikklauseln im Recht (1988)
Werner/Pastor, Rechtsfragen beim Bauen[6] (1986)
Werner/Pastor, Der Bauprozeß[5] (1986)
Wilhelm, Die Architekturvollmacht im Licht der österreichischen Rechtsprechung, ZfBR 1983, 9, 58
Wilhelm, Gewährleistungsfristen beim erfolglosen Verbesserungsversuch, RdW 1986, 102
Wilhelm, Baumängel: Das Zurückbehaltungsrecht bleibt eine scharfe Waffe, WBl 1987, 34

Wilhelm, Von widersprüchlichen Werkverträgen, falschen Regeln der Technik, Behebung unbehebbarer Mängel und Sowiesokosten, Festschrift *Ostheim* (1990) 225

Witt, Der Architektenvertrag (1979)

Wolf, Der Stand der Technik (1986)